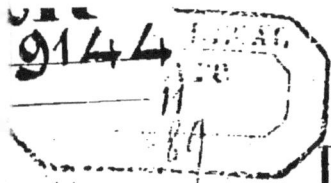

RÉFLEXIONS
D'UN PAYSAN

SUR

DIEU, L'HOMME, LA RELIGION ET LA POLITIQUE

Par EDME MIRAULT,

RÉGISSEUR DE PROPRIÉTÉS RURALES ET FORESTIÈRES.

... La France est au pillage. Elle
est livrée à une bande de politiciens
sans scrupules qui l'exploitent effron-
tément, qui la traitent en pays conquis
et qui s'inquiètent peu de savoir si
elle va à la ruine, pourvu que leurs
ambitions ou leurs intérêts soient
satisfaits.   (H. DE KÉROHANT.)

(Journal *le Soleil* du 31 octobre 1886.)

NEVERS,

GUILLERAULT FRÈRES, LIBRAIRES,

Rue du Commerce, 70.

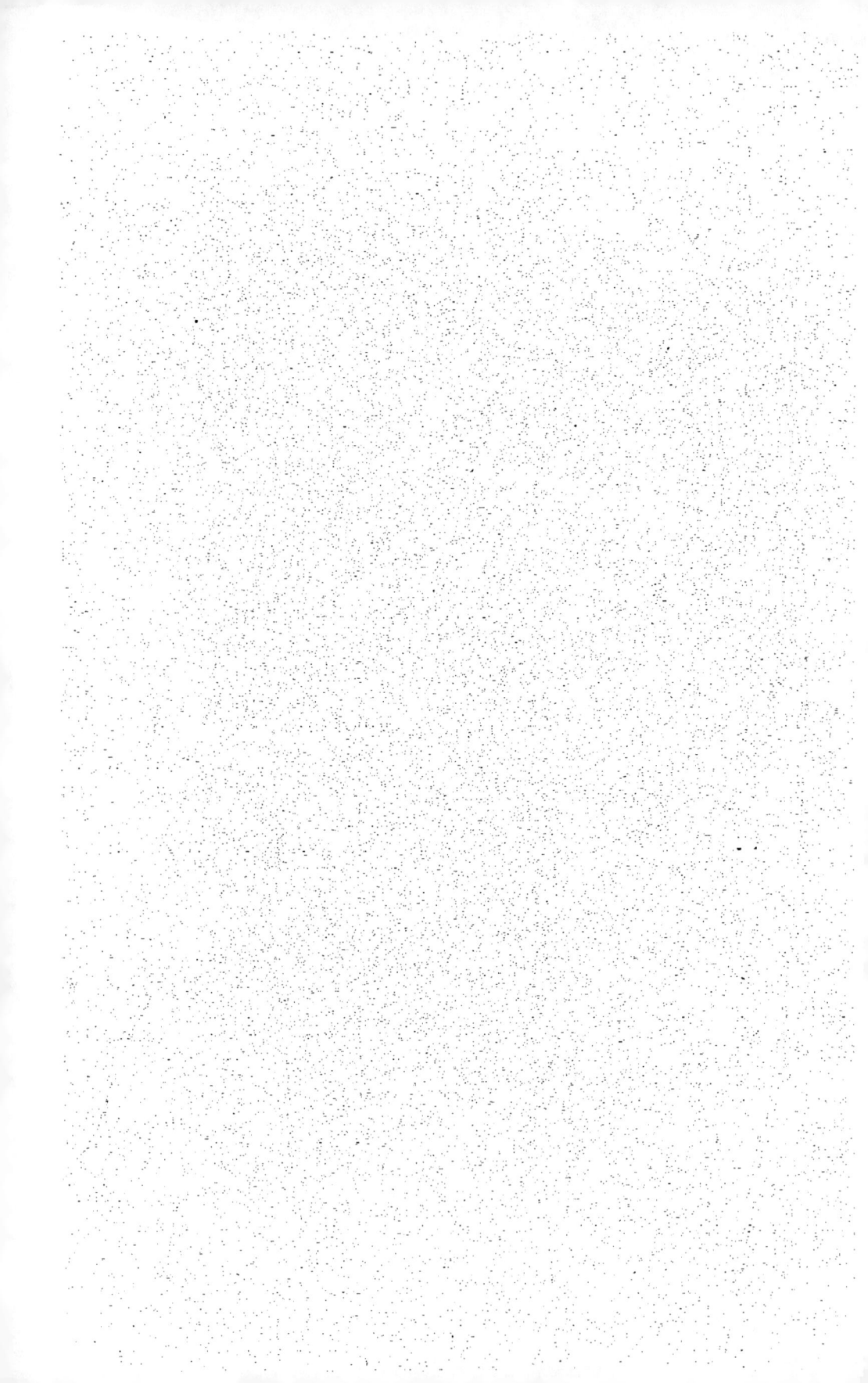

RÉFLEXIONS D'UN PAYSAN.

NEVERS, IMPRIMERIE G. VALLIÈRE.

RÉFLEXIONS

D'UN PAYSAN

SUR

DIEU, L'HOMME, LA RELIGION ET LA POLITIQUE

Par Edme MIRAULT,

RÉGISSEUR DE PROPRIÉTÉS RURALES ET FORESTIÈRES.

> ... La France est au pillage. Elle
> est livrée à une bande de politiciens
> sans scrupules qui l'exploitent effron-
> tément, qui la traitent en pays conquis
> et qui s'inquiètent peu de savoir si
> elle va à la ruine, pourvu que leurs
> ambitions ou leurs intérêts soient
> satisfaits.   (H. DE KÉROHANT.)
>
> (Journal *le Soleil* du 31 octobre 1886.)

———→»>×<«←———

NEVERS,

GUILLERAULT FRÈRES, LIBRAIRES,

Rue du Commerce, 70.

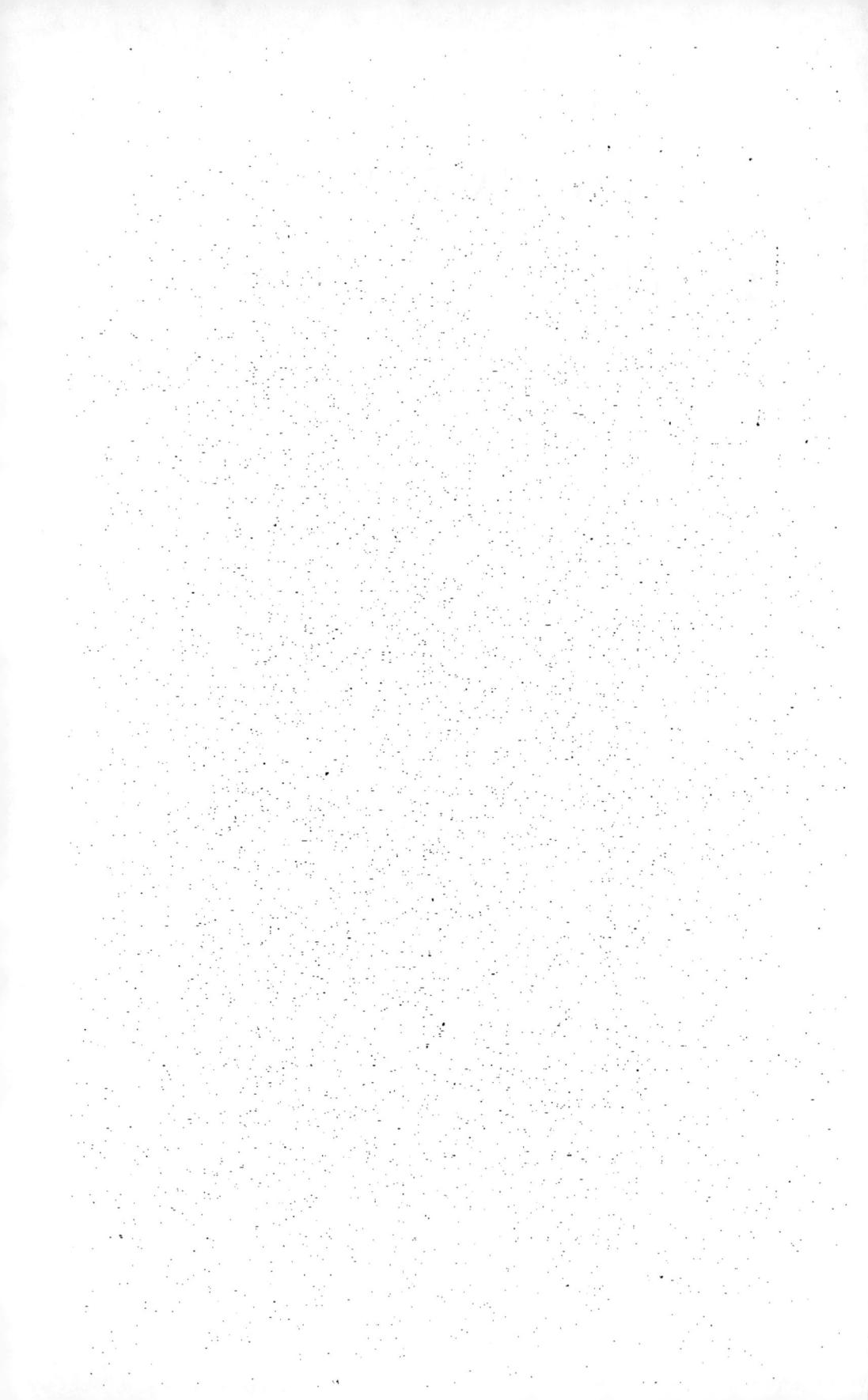

DÉDICACE.

———

Je dédie ces humbles et courtes réflexions aux paysans et aux ouvriers auprès desquels j'ai passé ma vie.

Né parmi les paysans, de la même origine qu'eux, j'aime à me considérer comme leur ami. Puis, ils me font souvenir des jours heureux de mon enfance où, petit pâtre, je conduisais aux champs la vache blanche de mes pauvres parents.

En lisant ces réflexions, — œuvre d'un homme sans instruction, — ils trouveront une occasion de méditer sur les choses qui les intéressent, et en même temps une occasion d'acquérir quelques vérités qui seront un acheminement vers la tranquillité d'esprit qui manque à beaucoup d'entre eux, surtout à ceux que l'on a trompés, depuis si longtemps, par des conseils malsains, hypocrites et tout à fait mensongers, qui ont semé dans leur cœur la haine contre Dieu, la religion et les riches, c'est-à-dire contre tout ce qui peut, justement, leur faire le plus de bien.

EDME MIRAULT.

Domaine de Givry, 20 décembre 1888.

I

DIEU ET LA CRÉATION.

> Au commencement, Seigneur, vous
> avez créé la terre, et les cieux sont
> l'ouvrage de vos mains.
>
> (*Psaume* CI, v. 25.)

> Ceux qui prétendent ne pouvoir
> comprendre ce Dieu créant tout de
> rien se flattent-ils de comprendre la
> matière, l'inerte matière, ou éternelle
> et créatrice d'elle-même, et ensuite
> créant l'ordre et l'intelligence ?
>
> (Louis VEUILLOT.)

> Arracher toute croyance de Dieu du
> cœur des hommes, c'est y détruire
> toute vertu.
>
> (Jean-Jacques ROUSSEAU.)

> Il n'y a pas dans l'univers de brin
> d'herbe qui ne prouve Dieu.
>
> (Victor COUSIN.)

Au-dessus de tout ce qui existe plane
le créateur des mondes, Dieu, l'être des
êtres, la force toute-puissante qui anime,
protége et gouverne tout ce qui vit.

Dieu ne nous a pas permis de le voir ni de le découvrir ; mais les admirables lois qui régissent la création dans ses multiples développements, nous révèlent sa présence en tous lieux, car il est partout, et selon ce qui a été dit : *nous sommes, nous vivons et nous nous mouvons en lui.*

La science incomplète, vaniteuse et téméraire, voudrait nier Dieu ; elle cherche à s'en débarrasser en déifiant la matière qui, selon elle, aurait toujours existé avec ses forces immanentes qui la maintiennent et la dirigent. Mais la science vraie, la science honnête, scrupuleuse et juste, montre d'une manière irréfutable que la matière n'a pas toujours existé, qu'elle a été créée et mise en mouvement par la volonté d'une suprême direction que nous ne voyons pas, mais qui pour nous est le Dieu que nous adorons, le Dieu qui nous entend et qui tient compte de nos humbles prières.

Nous ne dirons qu'un mot de notre pauvre petite planète, qui n'est qu'un atome perdu dans l'espace immense, mais ce mot sera pour affirmer que les travaux anciens et récents des géologues les plus

distingués ne permettent aucun doute sur
la certitude de la création de la terre,
conformément aux récits contenus dans
nos livres saints, c'est-à-dire dans la
révélation biblique. La formation des couches géologiques telles que nous les
connaissons, l'apparition des êtres vivants
contemporains de ces diverses couches
en sont la preuve palpable.

Si notre globe, considéré comme matière
inorganique, a été créé, et cela est indubi-
table, à plus forte raison la matière organisée, c'est-à-dire la matière composée
d'organes ayant la vie, a été aussi créée.
Il a donc fallu qu'une force intelligente —
et cette force est Dieu — donnât l'existence
à tous les êtres, depuis l'infiniment petit
jusqu'à l'infiniment grand : ces êtres,
répandus sur toute la surface de la terre,
ne se sont pas créés eux-mêmes, car, pour
donner la vie, il faut d'abord l'avoir ; en
un mot, pour vouloir il faut être.

L'innombrable quantité d'organismes
vivants laisse voir à nos regards éblouis
les merveilles de la création. Toutes les
perfections sont réunies dans le plus petit
des êtres. Le microscope a mis à décou-

vert les prodigieuses complications qui
existent dans la structure des insectes
aussi bien que dans la structure des plus
grands animaux. Et l'on voudrait que tant
d'ingénieux mécanismes n'eussent pas
d'auteur, qu'ils fussent l'œuvre du hasard,
que les pièces de rouages aussi ténus
fussent venues une à une et d'elles-mêmes
se juxtaposer les unes auprès des autres
pour former un être doué de vie. Avec la
meilleure volonté du monde cela ne peut
ni se comprendre ni s'admettre, parce que
cela est tout simplement absurde.

La matière inorganique et la matière
organique existent, nous les voyons de
nos yeux, nous les touchons de nos mains;
elles ne se sont pas produites elles-mêmes,
car, encore une fois, pour produire il faut
être : donc elles ont, l'une et l'autre, une
cause créatrice, et cette cause créatrice
est la force initiale première, la force
universelle, la force intelligente et toute-
puissante : Dieu, enfin.

II

L'HOMME DANS LA CRÉATION.

Borné dans sa nature, infini dans ses vœux,
L'homme est un dieu tombé qui se souvient des cieux.

(LAMARTINE.)

Quand l'homme est entré pour la première
fois dans le monde, il n'y est pas entré, il n'a
pu y entrer enfant nouveau-né et avec le seul
souffle de la vie ; il a été créé grand, avec
ses instincts et ses facultés complètes en
puissance et capables de l'action immédiate.

(GUIZOT.)

Nous venons de voir que Dieu a créé
tout ce qui existe. Mais au sommet de la
nomenclature des êtres nous trouvons
l'homme, qui est infiniment supérieur à
toutes les créatures animées et qui a été
créé homme fait, c'est-à-dire adulte, prêt

à se servir de ses organes et de son intelligence.

Pourquoi l'homme est-il placé, sur notre globe, au-dessus de tout ce qui vit? Pourquoi domine-t-il les innombrables animaux qui l'entourent, depuis le plus infime jusqu'au plus gigantesque? Pourquoi, seul parmi tous les êtres vivants, a-t-il le pouvoir de soumettre, de dompter et de domestiquer la plupart d'entre eux? C'est que l'homme est, comme nous allons le voir, composé d'une double nature : il est à la fois corps et esprit, ce qui veut dire qu'il est formé de deux substances, l'une matérielle et l'autre immatérielle.

Parmi les savants une certaine école — elle s'intitule l'école matérialiste — nie la double nature de l'homme et par conséquent nie l'âme ou la partie spirituelle de son être, celle qui est destinée à l'immortalité, ou autrement à survivre au corps après la mort de ce dernier. Nous verrons dans quelques instants que l'école matérialiste est dans l'erreur.

En comparant l'homme aux animaux il est facile d'établir la différence considérable qui existe entre lui et eux. Depuis la création les animaux sont restés stationnaires dans leur instinct et dans leurs mœurs. « Le ver à soie construit encore son étroite prison en balançant sa tête d'un mouvement automatique, et l'abeille façonne de la même cire la même cellule, en la même forme géométrique dont notre raison connaît la loi et dont son instinct ignorera toujours le secret (1). » Les animaux ne sont pas autres aujourd'hui qu'ils étaient il y a six mille ans; ils vivent absolument de la même manière qu'ils vivaient au commencement de la création. Pour eux le monde extérieur existe peu; ils obéissent à des lois précises qui les poussent à se nourrir et à se reproduire : au-delà de ces fonctions purement animales et irréfléchies, il n'y a plus rien pour eux. L'homme, au contraire, avec son intelligence, avec son âme, qui est une émanation de la divinité, connaît le monde extérieur et se l'approprie, asservit à ses besoins les êtres faibles ou forts qui

(1) J.-B. Dumas, discours en recevant M. Taine à l'Académie française.

l'entourent, parcourt les mers, lit dans
les cieux, découvre la mécanique céleste
et prédit longtemps à l'avance les mouvements et la marche des planètes jetées par
Dieu dans l'espace infini. Rien de ce qui
vit sur la terre ne lui est inconnu. Il fouille
dans les entrailles de notre globe pour en
retirer les matières premières nécessaires
à ses diverses industries ; il perce les
isthmes et les montagnes ; se promène
dans les airs avec les ballons ; rapproche
les distances avec les chemins de fer et
les navires ; correspond en quelques
minutes avec tous les pays de l'ancien et
du nouveau monde au moyen du fluide
électrique qu'il manipule avec facilité ;
enfin il prouve de mille manières qu'il est
le chef-d'œuvre de la création. Cependant,
si l'on cherche à découvrir dans son organisation des différences avec l'organisation
des animaux qui vivent sous sa dépen-
dance, on ne peut en trouver aucune. Les
phénomènes se rapportant au système
nerveux, à la respiration, à la circulation
du sang et aux diverses sécrétions, ont
lieu chez l'homme et chez les animaux
exactement de la même manière.

Pourquoi donc chez l'homme, qui est semblable aux animaux dans son organisation, y a-t-il une aussi grande différence dans le résultat produit par le fonctionnement des organes, et surtout par le fonctionnement du cerveau ? C'est que Dieu en créant l'homme a voulu qu'il fût le premier pour l'intelligence dans l'échelle des êtres, et vît par là qu'il était fait à l'image de son Créateur : libre par sa volonté d'agir ou de ne pas agir, de faire ou de ne pas faire, mais ayant l'entendement nécessaire pour distinguer le bien du mal, et par conséquent se sachant responsable du résultat de toutes ses actions.

Pour que l'homme encoure des responsabilités il faut qu'il soit libre, pour qu'il soit libre il faut que Dieu lui donne les moyens de juger ses actes, d'être son propre arbitre. Pour tout cela Dieu a ajouté à son corps, composé d'organes matériels, l'âme, substance purement spirituelle : qui peut penser, réfléchir, en un mot raisonner et juger. L'âme, étincelle divine, prisonnière dans le corps humain, dirige l'homme et détermine par la pensée tous les actes de sa volonté. Mais comment

l'âme agit-elle ? Comment peut-elle se
servir de ce corps dans lequel elle est
enfermée? L'âme a pour instrument le
cerveau, organe central du système nerveux : c'est au moyen du cerveau qu'elle
pense, qu'elle agit, qu'elle juge. Ces deux
substances si différentes l'une de l'autre
sont pourtant intimement unies. Comment
cela a-t-il lieu? Personne ne le sait, car
le mécanisme de la pensée, selon Claude
Bernard, nous est complètement inconnu.
L'âme se sert du cerveau comme d'un
clavier mystérieux. Mais il est facile de
voir que les actions de l'homme sont
l'œuvre d'une substance spirituelle, puisqu'il n'y a que lui qui puisse faire des
actes de moralité, c'est-à-dire des actes
de raisonnement, car les animaux, cons-
titués identiquement comme l'homme,
n'en font jamais.

Le cerveau est, comme nous l'avons
déjà dit, l'instrument de l'âme, mais il
doit être dans son état normal et sain, pour
que l'âme puisse penser elle-même saine-
ment. Si le cerveau est malade, s'il a des
lésions, un dérangement, un trouble
quelconque dans la disposition des cellules

qui le composent, l'âme ne peut utilement s'en servir; de ce dernier état vient, hélas! le délire des aliénés. Ces malheureux ont des idées, des pensées, mais elles sont incomplètes, incohérentes, bizarres, étranges, parce que leur cerveau est malade dans l'une ou plusieurs de ses parties, et ne peut, par conséquent, fonctionner dans toute sa plénitude. On peut, d'ailleurs, comparer le cerveau à un instrument quelconque de musique; si cet instrument est détraqué, il est bien certain que le musicien, quel que soit son talent et son habileté, ne pourra en tirer des sons et faire entendre aucun morceau de musique.

Les matérialistes ont dit : La pensée est sécrétée par le cerveau, comme la salive est sécrétée par les glandes salivaires, la bile par le foie. Le cerveau serait donc, dans ce cas, une simple glande ; cette affirmation est une grande erreur.

Les sécrétions ont lieu, il est vrai, au moyen d'organes disposés pour cela, mais les sécrétions sont un produit matériel qu'on peut voir, toucher, peser. La pensée, au contraire, est immatérielle et

2

ne tombe pas sous nos sens : elle n'est ni longue, ni large, ni liquide, ni solide; elle est purement spirituelle. Le cerveau ne sécrète pas plus la pensée que les poumons sécrètent la respiration ; les poumons sont l'instrument servant à la respiration comme le cerveau est l'instrument servant à l'âme pour penser : cela est de toute évidence.

Si la pensée était une sécrétion du cerveau, l'homme n'aurait pas d'âme et ne pourrait diriger cette pensée et avoir sur elle aucune influence ni autorité, puisque toutes les sécrétions qui ont lieu dans tous les organes spéciaux de son corps se font à son insu, sans qu'il en ait aucunement conscience ; il ne sent nullement ce qui se passe chez lui. Le sang coule dans ses artères et dans ses veines, il ne le sent pas; le foie sécrète la bile, il n'en sait rien; les reins sécrètent l'urine, il ne s'en doute pas; il en serait absolument de même pour la pensée.

L'homme, par son âme, est maître chez lui, il mène ses pensées et raisonne; sans âme, il serait mené et les idées qui seraient sécrétées par son cerveau seraient

tout à fait animales ; il serait semblable
aux bêtes, qui obéissent à leur instinct,
mais qui ne le dirigent pas.

Quoi que l'on dise et quoi que l'on
fasse pour se débarrasser de l'âme, elle
reste, elle demeure intacte chez l'homme
avec sa spiritualité, sa liberté et sa
volonté. Elle pense par le cerveau et
dirige l'homme qui, sans elle, ne serait
qu'une machine animée. Elle le dirige
dans ses actions bonnes ou mauvaises,
et montre à lui seul, parmi tous les êtres,
la création et le créateur, duquel elle est
la plus belle émanation.

L'âme existe, cela est certain, et comme
elle est spirituelle elle ne mourra pas ; il
n'y a que la matière qui meurt. Un jour
cette âme immortelle quittera le corps
dans lequel elle est enfermée pour paraître
devant Dieu, qui lui demandera compte
de tous ses actes terrestres bons et mauvais et la jugera.

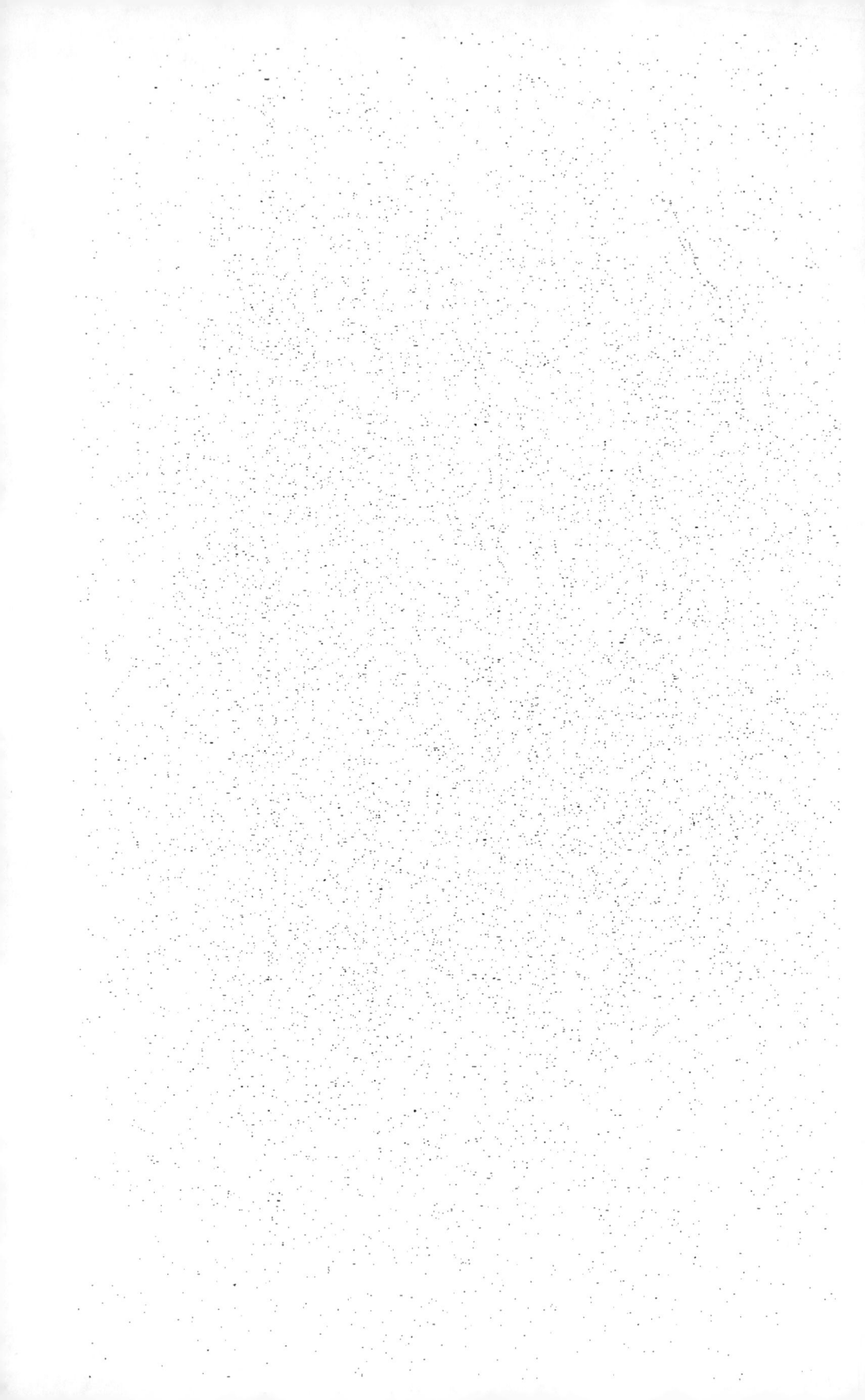

III

LA RELIGION.

Le christianisme n'est pas seulement
un culte, une religion proprement
dite ; c'est encore une philosophie,
la plus haute des philosophies ; une
morale, la plus pure, la plus sublime
des morales.

(Silvestre DE SACY.)

Ceux qui croient aujourd'hui à la
divinité de Jésus-Christ ne font que
croire ce qu'ont cru et dit les apôtres,
et que les apôtres eux-mêmes n'ont
cru et dit, il y a bientôt dix-neuf
siècles, que ce que leur disait Jésus-
Christ lui-même.

(GUIZOT.)

Nous avons démontré que Dieu existe,
qu'il a créé tout ce que nous voyons et
qu'il a donné à l'homme une âme immortelle.

Occupons-nous maintenant des rapports
obligatoires de l'homme avec Dieu, c'est-à-

dire des devoirs de la créature envers le
Créateur.

Dieu, après avoir créé l'homme et la
femme, les derniers dans l'œuvre des six
jours, et leur avoir dit de croitre et de se
multiplier, ne pouvait les laisser aban-
donnés à eux-mêmes. Aussi les livres
sacrés qui parlent de l'origine de l'homme
s'étendent-ils longuement sur les rapports
de Dieu avec nos premiers parents. Ces
livres constatent, en même temps, que
lorsque les hommes, dont le nombre avait
considérablement augmenté, eurent pris
possession de la partie du globe où Dieu
voulait voir se développer le peuple choisi
par lui pour transmettre aux générations
futures ses premiers décrets, il chargea
le prophète Moïse, le plus ancien des
historiens, de promulguer ces décrets.
C'est ainsi que fut donnée aux hommes,
par Dieu lui-même, la loi sublime du
Décalogue, base fondamentale de toute
religion.

Nos premiers parents, après leur déso-
béissance, chassés du paradis terrestre,
errants sur la terre, emportant avec eux
la malédiction de Dieu, avaient besoin

d'espérer un pardon. Ce pardon leur fut promis dans la personne d'un rédempteur qui viendrait un jour pour racheter et sauver le genre humain tout entier. Ce rédempteur fut Jésus-Christ, le fils unique de Dieu, qui, par une décision toute spéciale du Très-Haut, fut conçu, sans participation humaine, dans le sein d'une vierge choisie parmi les femmes de la Judée. Et c'est dans ce petit pays de l'Orient que naquit, il y aura bientôt dix-neuf cents ans, l'Homme-Dieu, le fondateur de la religion chrétienne.

Nous avons tous appris, dans notre enfance, les faits relatifs à la religion chrétienne, nous ne les avons pas oubliés. Nous savons aussi que depuis plus d'un siècle de nombreux incrédules cherchent par tous les moyens possibles à nier Dieu, à nier la divinité de Jésus-Christ et à saper dans sa base l'édifice si solide et si inébranlable du christianisme. Ils n'y parviendront pas, car le christianisme est l'œuvre de Dieu lui-même.

La plus grande preuve que nous puissions donner de la divinité de notre religion, c'est son établissement d'abord et sa propagation ensuite. En effet, comment ne pas croire à la toute-puissance de Jésus-Christ, qui naît dans la pauvreté et se fait accompagner pendant sa prédication par douze disciples aussi pauvres que lui et de plus sans aucun savoir, sans aucune science ? Malgré cette simplicité de mise en scène, malgré les difficultés de toute sorte qui viennent à l'encontre de ses prédications et de ses miracles, Jésus-Christ triomphe de tout par la sublimité de sa doctrine, la douceur de ses mœurs, la mansuétude de son caractère, son humilité et sa douloureuse passion.

Après sa résurrection il donne des pouvoirs à ses disciples, les charge de continuer son œuvre, et voici douze pauvres artisans, les plus infimes membres d'une société civilisée, fière et orgueilleuse, qui, sans aucune instruction, partent chacun d'un côté, sans guides et sans appuis, et font accepter par leur prédication, leur courage et leurs miracles, une religion nouvelle qui, au nom d'un homme inconnu que l'on a fait mourir d'une mort ignominieuse, vient dire aux Romains, aux

Grecs et aux hommes des nations les plus civilisées de l'époque : qu'il faut être simple, modeste, aimer son prochain comme soi-même, pardonner à ceux qui vous font du mal, renoncer aux plaisirs et à tout le luxe des richesses, faire la charité, enfin être bienfaisant. Comprenez-vous comment ces douze hommes si pauvres, si ignorants, auraient pu faire accepter une pareille doctrine, si opposée aux mœurs de l'époque, s'ils n'avaient pas eu Dieu pour les soutenir et les éclairer? Si cette religion avait prêché les plaisirs, les amusements, le luxe, il n'y aurait rien d'étonnant qu'elle eût réussi. Mais prêcher l'abandon des richesses, la pauvreté, le détachement de tous les biens de ce monde, pour servir un Dieu inconnu, il n'y avait que ce Dieu pour opérer un tel miracle ; car c'est un miracle, et qui de plus a eu lieu dans tout le vieux monde et surtout à Rome, où la société la plus corrompue, la plus attachée aux plaisirs et aux douceurs de la vie existait alors, et il n'y a pas à nier ce que nous venons d'avancer, car en dehors des livres sacrés du Nouveau-Testament, la tradition qui se

perpétue d'homme à homme et de nation
à nation est là pour l'affirmer. Puis nous
pouvons facilement suivre cette tradition
dans les monuments de l'Eglise, que nous
retrouvons tant dans les catacombes de
Rome, qui ont vu couler le sang des premiers martyrs, que dans ces belles églises,
ces magnifiques cathédrales de tous les
âges dont tous les pays catholiques sont
couverts.

La religion chrétienne est donc d'origine
divine, et pour mieux le constater, nous
dirons que sa doctrine si pure est sublime
en tous points, qu'elle est conforme aux
désirs et aux besoins de l'homme raisonnable ; elle renferme des enseignements
qu'aucune institution humaine n'aurait
jamais pu créer ; c'est le code le plus parfait qui puisse exister dans une société
civilisée. Elle enfante dans les ministres
de son culte des héroïsmes et des dévoue-
ments qui vont parfois jusqu'au sacrifice
de la vie. Jamais éducateur des hommes
n'aurait pu, avec les imperfections de la
nature humaine telles que nous les connaissons, faire rien qui approchât d'une
aussi grandiose institution.

O religion divine, que l'on te haïsse et te méprise, je ne t'en aimerai pas moins, car dans les peines et les chagrins qui m'ont été départis en ce bas monde, tu as été pour moi le seul refuge, le seul abri où j'ai pu trouver un instant de calme et de tranquillité quand j'étais poursuivi par l'affreux supplice du découragement !

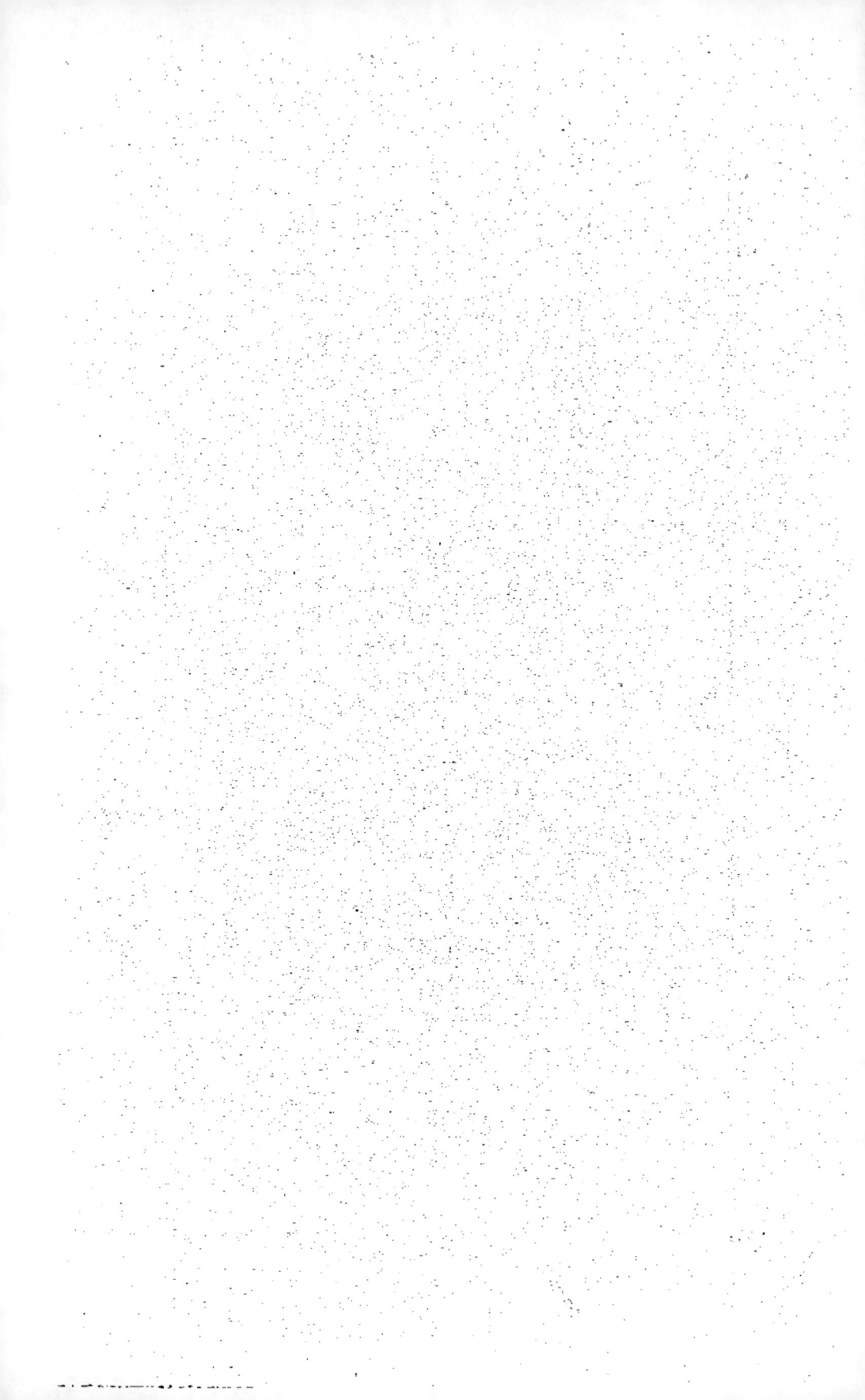

IV

LE CULTE ET LA PRIÈRE.

Que font ces parents quand leur
enfant est malade, ces cultivateurs
quand leurs récoltes sont menacées,
ces matelots quand ils flottent sur les
mers en proie aux tempêtes? Ils lèvent
les yeux au ciel, ils prient, ils invo-
quent cette puissance surnaturelle que
vous dites abolie dans leur pensée.
Par leurs actes spontanés et irrésisti-
bles, ils donnent à vos paroles, et à
leurs propres paroles, un éclatant
démenti.

(GUIZOT.)

Nous venons de reconnaître que la religion chrétienne est de fondation divine :
c'est Jésus-Christ lui-même qui l'a insti-
tuée. Elle se perpétue parmi les nations
au moyen de la prédication, des belles
cérémonies du culte catholique et aussi
de la prière.

La prédication, le culte et la prière sont
donc les chemins et les routes que Dieu
a mis à la disposition de l'homme pour
qu'il puisse arriver jusqu'à lui. En effet,
que peut-il y avoir de plus saisissant, de
plus touchant et de plus admirablement
solennel que ces magnifiques cérémonies
de notre culte ? On n'entre jamais dans la
plus petite des églises un jour de fête
chrétienne sans être attendri, sans se
sentir plus près de Dieu.

En dehors des cérémonies du culte, il
reste à l'homme, dans quelque lieu qu'il
se trouve, dans n'importe quelle situation
de sa vie, un moyen facile d'adorer Dieu,
de lui rendre ses hommages et de lui
demander ce qui lui est nécessaire ; ce
moyen est la prière, cet acte de profonde
et en même temps d'humble soumission
de la créature envers le Créateur.

Les inquiétudes, les préoccupations et
les peines nombreuses qui accompagnent
l'homme dans sa course ici-bas, seraient
bien plus poignantes qu'elles ne sont s'il
ne pouvait demander à Dieu, par la prière,
de le secourir, de l'aider, de lui donner
du courage et de la résignation. Avec

quelle ardeur il se prosterne devant le divin Maître lorsqu'il est poursuivi par les mille maux qui sont son apanage. Mais lorsqu'il a prié il se relève moins meurtri et plus fort ; il sent tout de suite planer sur son pauvre petit être la protection du Dieu tout-puissant, du seul et unique dispensateur des consolations qu'il demande avec tant d'instances et dont il a si souvent besoin.

Prions donc Dieu dans l'accablement qui suit le malheur, et dans toutes les circonstances douloureuses de la vie. Prions-le aussi dans le bonheur, et n'oublions jamais que c'est lui qui nous le donne et qu'il peut nous l'ôter.

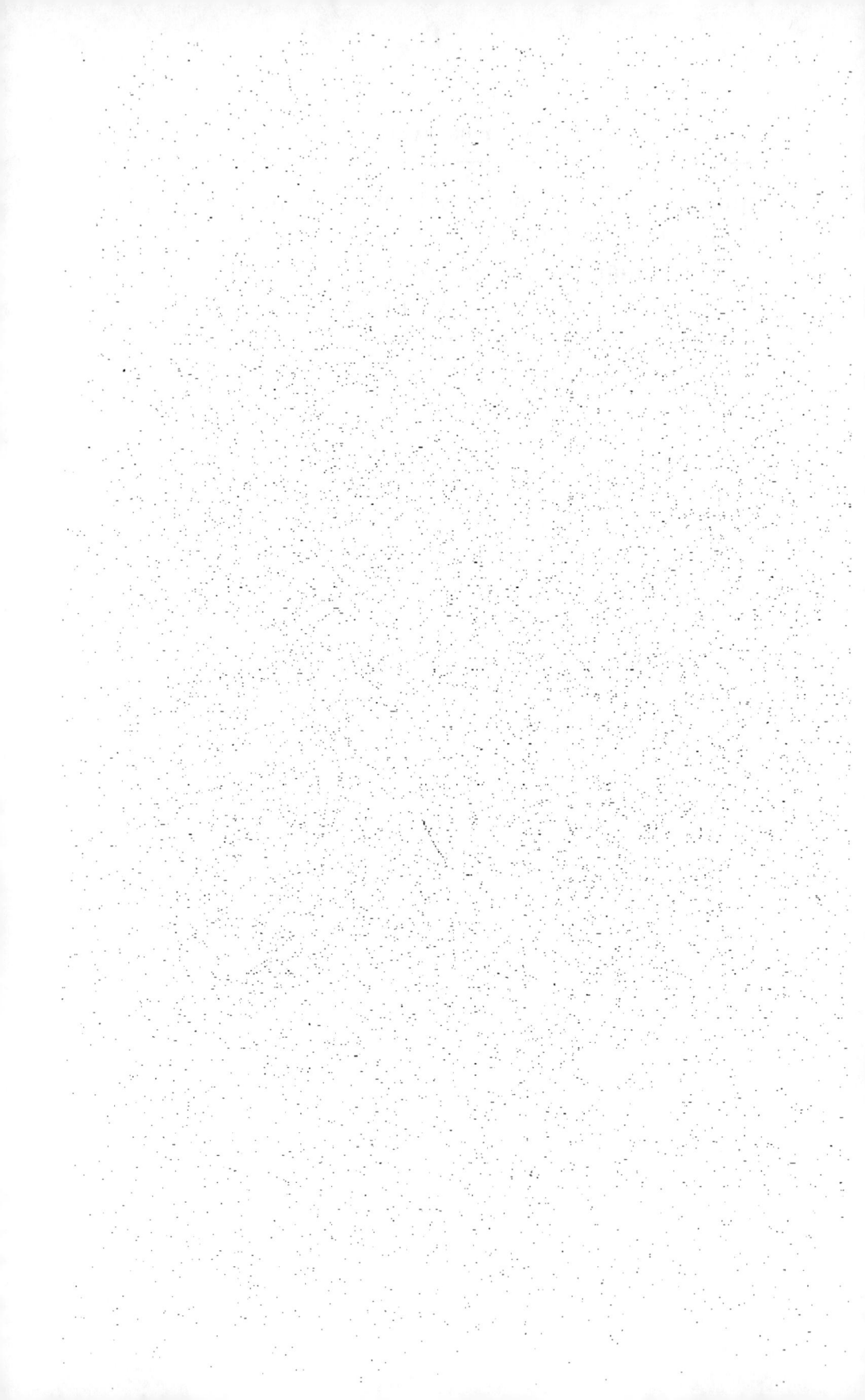

V

LA PHILOSOPHIE.

Qu'est-ce qu'un philosophe ? C'est un homme qui a tout juste autant d'autorité que lui en donne son talent.

(Jules Simon.)

Il ne manque au principe de la révélation aucun des caractères qui doivent l'entourer et le compléter.

(Jules Simon.)

Le but que la religion assigne à la vie humaine est exprimé par ces paroles que l'Eglise enseigne aux petits enfants, et dont la sublimité arrache des larmes : Dieu nous a créés et mis au monde, pour le connaître, l'aimer, le servir, et par ce moyen acquérir la vie éternelle. Le bonheur de la vie éternelle est décrit par ces paroles : Voir Dieu face à face, et l'aimer de tout son cœur pendant toute l'éternité.

(Jules Simon.)

La philosophie est, dit-on, la recherche de la vérité, l'étude des principes et des causes. Il faut croire que la vérité est bien difficile à trouver, car à toutes les époques et dans tous les temps les philo-

3

sophes ont été nombreux, et par conséquent les systèmes de philosophie aussi
nombreux que les philosophes : chacun
d'eux ayant le sien. Depuis l'antiquité
jusqu'à nos jours l'on n'a pu poser la
vérité sur un piédestal solide : un système
venant toujours détruire un autre système,
et cela durera probablement autant que le
monde.

S'il fallait lire tout ce qui a été écrit
par les philosophes sur Dieu et le monde,
sur les principes et les causes, on ne le
pourrait, un siècle de vie ne suffirait pas.
Que de savants ont usé des flots d'encre
pour critiquer, réfuter et démolir cons-
ciencieusement ce que d'autres savants
avaient très-laborieusement édifié ! Et dire
que ces hommes, malgré la diversité de
leurs opinions, ont eu chacun de nombreux admirateurs, lesquels admirateurs
ont toujours été conspués par les nouveaux
arrivants sur le champ de la discussion et
de la polémique. Jamais ces vaillants
combattants n'ont pu se mettre d'accord.
Plus les sciences semblent faire de pro-
grès plus les idées philosophiques semblent s'embrouiller. C'est à la raison,

dit-on, à arranger tout cela, tout relève d'elle : elle est la loi et les prophètes ; ce serait vrai si la raison était infaillible, mais la raison ne peut se fixer d'une manière durable sur aucun sujet, car les hommes, qui prétendent ne vouloir admettre que ce que la raison approuve, ont chacun leur logique spéciale, et la logique de Pierre est souvent bien opposée à la logique de Paul.

Parmi ces innombrables philosophes, les uns nient absolument l'existence de Dieu : ce sont les athées. Les autres admettent Dieu : ce sont les déistes. Ceux qui veulent bien admettre Dieu en font un être immuable, ne bougeant jamais, ne s'occupant de rien, contemplant son œuvre immense, mais s'en désintéressant complètement et laissant aller le monde au hasard et à la dérive. Ce Dieu est pour eux un véritable roi fainéant sans maire du palais. Un grand nombre admettent d'autres principes et d'autres causes qui ne sont ni plus raisonnables ni plus sages et n'aident guère la pauvre humanité à trouver la paix morale dont elle a tant besoin depuis qu'elle habite sur notre planète.

Pour nous, la seule philosophie vraie,
juste et complète, se trouve dans les principes de la religion révélée, dans la
religion chrétienne. Pour connaître exactement cette religion l'on n'a pas besoin
de chercher les gros livres, de fouiller les
bibliothèques particulières et publiques ; il
suffit de lire posément et avec soin le
Catéchisme que l'on apprend dans nos
églises aux petits enfants ; ce Catéchisme
répond à tout ce que l'homme doit savoir
sur Dieu et sur la religion. Pour vous en
convaincre, lisez seulement les quelques
lignes qui suivent :

« Qu'est-ce que Dieu ?

» Dieu est un pur esprit, tout-puissant,
infiniment parfait, créateur du ciel et de
la terre et souverain Seigneur de toutes
choses.

» Pourquoi dites-vous que Dieu est un
pur esprit?

» Je dis que Dieu est un pur esprit,
parce que Dieu, qui est la souveraine
intelligence, n'a point de corps, et ne peut
être vu de nos yeux, ni touché de nos
mains.

» Pourquoi dites-vous que Dieu est infiniment parfait ?

» Je dis que Dieu est infiniment parfait, parce qu'il possède toutes les perfections, et que chacune de ses perfections est infinie.

» Quelles sont les principales perfections de Dieu ?

» Dieu est infiniment bon et infiniment juste ; il est éternel, indépendant, immuable ; il est présent partout ; il peut tout et il voit tout (1). »

Ne sortons pas de là, ne cherchons pas d'autre démonstration de la divinité, nous n'en trouverions pas de plus parfaite, de plus sensée ; elle suffit pleinement à tous ceux qui croient et qui reconnaissent qu'ils descendent du premier couple humain que Dieu a créé et mis lui-même dans le paradis terrestre.

---

(1) Mgr Dupanloup, *le Catéchisme chrétien.*

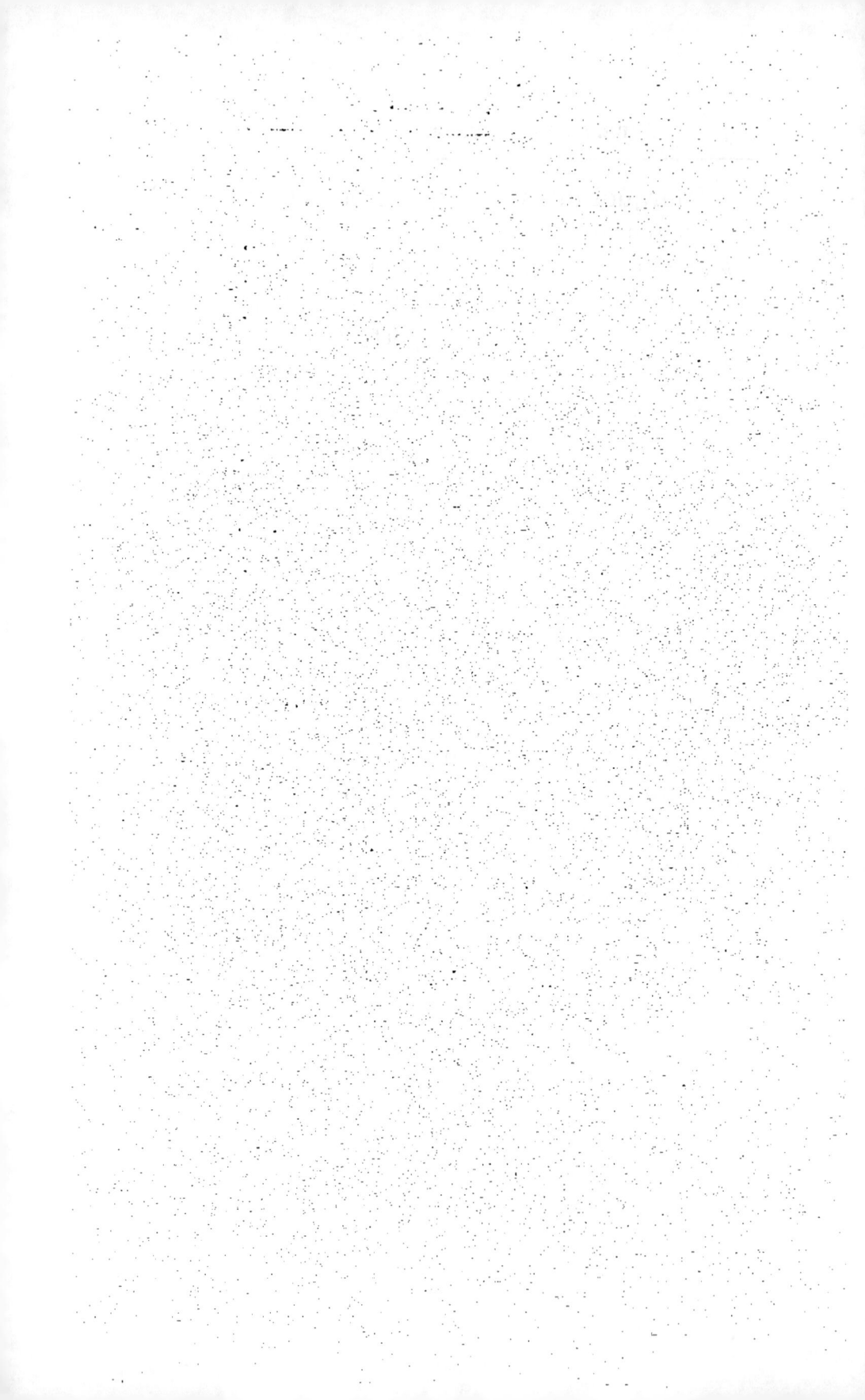

VI

LA LIBERTÉ.

———

> Les hommes qui parlent le plus de
> liberté sont les plus enclins à impo---
> leurs opinions par la violence.
>
> (Maxime GAUSSEN.)

> A les entendre ils ont pour la liberté
> une passion sans bornes. Et pourtant,
> dès qu'ils sont au pouvoir, on les voit
> proposer ou imposer les mesures les
> moins libérales.
>
> (Edouard HERVÉ.)

La liberté morale, celle que Dieu a donnée, existe, mais la liberté civile, la liberté sociale, ou, pour mieux dire, la liberté de l'homme dans ses rapports avec les autres hommes, n'existe pas ni elle ne peut pas exister d'une manière absolue dans l'état actuel de la civilisation.

Les passions qui accompagnent la nature humaine s'opposeront toujours au développement de la liberté comme on semble la comprendre. L'homme sera toujours obligé de se défendre contre ses semblables dans n'importe quelles circonstances de sa vie, de se défier d'eux et de prendre de grandes précautions pour pouvoir vivre et agir dans leur société. Toutes les actions de l'homme se heurtent donc contre les défauts des autres hommes : la vie c'est la lutte, et avec la lutte l'on ne peut établir la liberté absolue.

Tous les honnêtes gens, tous les hommes sérieux et réfléchis veulent la liberté, quel que soit le parti auquel ils appartiennent ; mais la liberté qu'ils demandent est une liberté sage, qui ne heurte aucun principe, n'inquiète aucune conscience, n'apporte aucun trouble dans la vie sociale et respecte tout ce qui est bon et tout ce qui est bien ; une liberté enfin qui donne aux hommes la quiétude à laquelle ils ont tous droit.

Il n'en est pas de même des révolutionnaires qui, lorsqu'ils luttent contre un gouvernement établi, demandent toujours plus que la liberté; ils veulent la licence ou, si vous aimez mieux, l'anarchie. Mais aussitôt qu'ils sont arrivés au pouvoir, ils ont bien soin, le jour même de leur avénement, de décréter les mesures les plus vexatoires, les plus tyranniques et, hélas! quelquefois les plus sanguinaires; cela ne s'est que trop vu déjà.

Il est donc facile de se rendre compte que le moment n'est pas venu pour l'homme d'être libre, et tout l'arsenal de nos lois, ordonnances, décrets, réglements et circulaires, le nombre en est grand, n'a pas d'autre but que celui de restreindre la liberté.

Toutes les fois que l'on a semblé vouloir élargir les droits de liberté, la conduite des citoyens a été telle qu'il a fallu quelque temps après voter des lois restrictives.

Au moment de la révolution de 1793, quand l'ancien régime venait de disparaitre, on a cru un moment que la liberté était à jamais fondée; mais l'on a été bien vite désabusé par les actes mêmes de ses promoteurs; chacun se rappelle : la loi des suspects, les prisons, les massacres, la guillotine et la mort, tristes échantillons d'une liberté qui ressemblait assez à la plus épouvantable des oppressions et à la plus cruelle des tyrannies.

Il y a quelques années, la troisième République, qui aurait dû aller, au point de vue libéral, en progressant sur ses aînées, a fait tout le contraire; elle a parfaitement démontré que la liberté ne faisait pas partie de ses principes ni de son programme, qu'elle n'y croyait nullement; elle l'a prouvé aussitôt qu'elle a pu en chassant odieusement de leurs couvents de paisibles religieux et de leurs écoles presque toutes les congrégations enseignantes.

Tous les fonctionnaires, tous les agents, même les plus infimes, qui dépendent directement du Gouvernement, sont continuellement dans des transes et des inquiétudes mortelles; ils ne peuvent dire un mot et faire un mouvement sans être surveillés; ils ne peuvent ouvrir leurs fenêtres et respirer l'air qu'avec l'autorisation de l'administration, s'ils regardent à droite plutôt qu'à gauche ils sont dénoncés; il suffit très-souvent, pour qu'ils soient révoqués, qu'ils aient un père, une mère ou une sœur qui aillent à la messe le dimanche. Ils ne peuvent saluer ni un monarchiste ni un ecclésiastique, et le jour où on les voit causer publiquement avec un conservateur quelconque on les congédie impitoyablement. Voilà la liberté telle qu'elle est pratiquée sous la troisième République.

Ne trompons donc personne et osons dire hautement que la promesse de la liberté absolue dans la bouche des gouvernements, des journalistes et de beaucoup de citoyens sera toujours un leurre ou un froid mensonge.

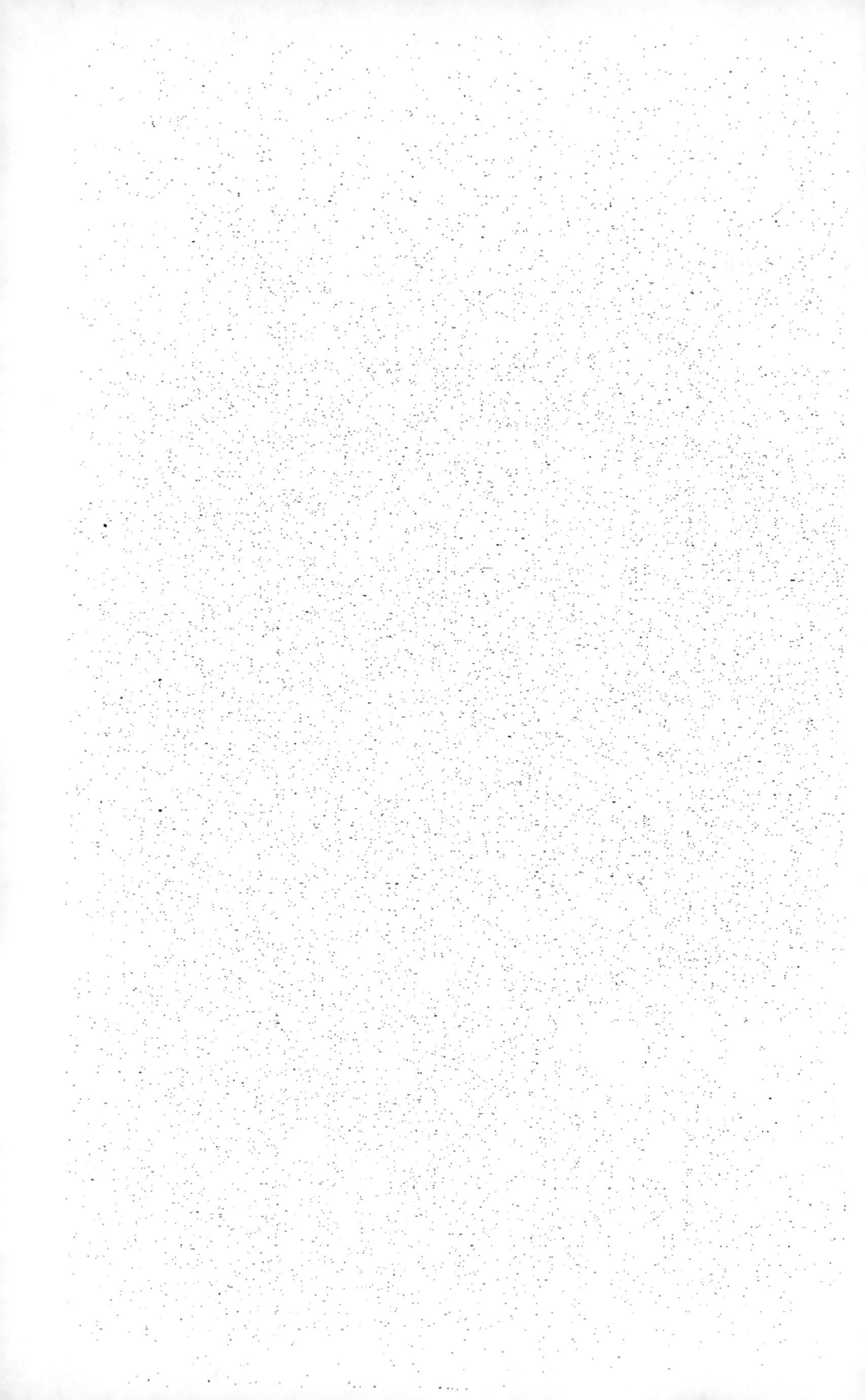

VII

L'ÉGALITÉ.

C'est le sentiment contraire à celui de l'égalité qui rend l'homme actif, ingénieux ; car c'est pour s'élever au-dessus de ses semblables, pour obtenir une situation supérieure, enviée, qu'il déploie tout ce qui lui est départi d'énergie et de facultés.

(Maxime Gaussen.)

Tant qu'il y aura des hommes, ils aspireront à l'inégalité.

(Henri de Pène)

Il y a un instant nous disions que la liberté était impossible, que c'était tout simplement un leurre dans la bouche de ses prétendus partisans. L'égalité n'est pas assise sur une base plus solide ; rien n'est plus facile à prouver que ni l'égalité morale ni l'égalité physique n'existent. Dieu n'en a pas voulu, car dans tout ce que nous voyons règne l'inégalité la plus absolue, et cette inégalité est une loi de la nature que personne ne peut nier. Les végétaux comme les animaux, tout y est soumis.

Les différences morales et physiques d'un homme à l'autre, par exemple, sont palpables : on aura beau dire et beau faire, cela est.

Au moral, les inégalités qui frappent notre pauvre humanité sont nombreuses, nous allons du génie au crétinisme, en passant par beaucoup de variétés dans l'échelle de l'intelligence. Au physique nous allons du géant, du colosse au nain, de la force herculéenne à la prostration, sans noter les degrés intermédiaires entre ces états.

L'inégalité morale et physique étant parfaitement constatée, comment voulez-vous établir l'égalité sociale d'une manière absolue? L'homme de génie peut-il se laisser abaisser au niveau de l'idiot? La science acquise par le travail peut-elle se mettre sur le même rang que l'ignorance,

fruit de la paresse? L'homme actif, rangé
et laborieux consentira-t-il à pourvoir aux
besoins du fainéant et du débauché? A
toutes ces questions il faut répondre non,
mille fois non. Faites tout ce que vous
voudrez, édictez des lois qui proclameront
l'égalité : elles resteront sans effet, les
hommes ne s'y soumettront jamais. Vous
serez toujours obligés de convenir que
l'inégalité part de la création, qu'elle est
d'origine divine, et que ce qui a été établi
par Dieu ne peut être détruit par l'homme.

Tous les hommes aspirent à l'inégalité,
et c'est cette légitime aspiration qui enfante les plus merveilleuses inventions et
les plus belles découvertes, qui fait que
l'industrie et le travail, dans toutes leurs
divisions, vont toujours en se développant.
On veut dépasser ses semblables, leur être
supérieur en toutes choses, mais surtout
en richesses. Toutes les actions des
hommes convergent vers cet unique but :
se hausser, devenir de rien quelque chose,
enfin parvenir n'importe comment.

Ceux qui crient si fort et avec tant
d'acharnement contre les prétendus abus
qui existent dans la société, cherchent

tout simplement, sans avouer ce qui les fait agir, à remplacer les favorisés de la fortune ou des honneurs. Si ces farouches braillards devenaient tout-à-coup très-riches ils trouveraient, soyez-en persuadés, que tout est bien et qu'il n'y a rien à réformer dans ce pays qu'ils troubleront tant qu'ils seront au-dessous de ceux qu'ils envient.

L'idée de voir l'égalité régnant dans les sociétés est donc aussi chimérique que la mise en pratique de la liberté absolue.

VIII

LA FRATERNITÉ.

> Nous pratiquerons la fraternité quand nous adorerons notre Père, qui est aux cieux, et quand nous aurons imploré de lui la grâce d'aimer nos frères, du même amour qu'il porte à ses enfants. Jusque-là il n'y aura dans nos âmes que de l'égoïsme, de l'envie et de l'orgueil.
>
> (Louis Veuillot.)

Pas plus que la liberté et l'égalité, la fraternité n'est possible dans notre société telle qu'elle est aujourd'hui. La pratique de la religion chrétienne pourrait seule y conduire l'homme; mais comme on ne veut plus de cette sublime religion, que l'on cherche tous les jours à la faire disparaître de notre pays en traquant, humiliant

4

et réduisant à la portion congrue les
ministres du culte et les congrégations
chargés de la propager, ce ne sera pas de
sitôt que les hommes verront régner la
fraternité.

Tant qu'il y aura des passions chez les
hommes, et il y en aura encore longtemps,
ils ne pourront vivre comme des frères.
Pouvez-vous aimer celui qui vous hait et
vous calomnie? Pouvez-vous aimer celui
qui vous trompe et vous vole? Pouvez-
vous aimer celui qui veut vous prendre
votre femme ou séduire votre fille? Pouvez-vous aimer le traître qui cherche à
vous nuire en toutes circonstances? Non,
vous ne le pouvez pas. Il n'est pas possible,
à moins d'être sincèrement chrétien, d'accepter de gaieté de cœur toutes les mé-
chancetés, toutes les infamies de son
semblable, puis de lui ouvrir ses bras, de
le presser sur son cœur en lui disant : Je
t'aime comme moi-même.

Dans les familles il y a bien souvent
désunion entre les frères et les sœurs.
L'autorité des parents, presque toujours,
est impuissante pour rétablir l'ordre et
mettre d'accord des enfants qui sont sortis

du même sein et qui ont reçu les mêmes
caresses. Comment voulez-vous que dans
notre société, dont les membres qui la
composent ont aussi peu de sollicitude les
uns pour les autres, on puisse pratiquer
sincèrement la fraternité? Ah! cela est
véritablement impossible !

Renonçons forcément à cet âge d'or, si
souvent promis et si souverainement impossible, qui nous donnerait la liberté,
l'égalité et la fraternité absolues, et em-
pressons-nous d'effacer du frontispice de
nos monuments publics ces trois mots
qui sont l'expression la plus fausse, la
plus dérisoire et la plus décevante de
toutes les promesses.

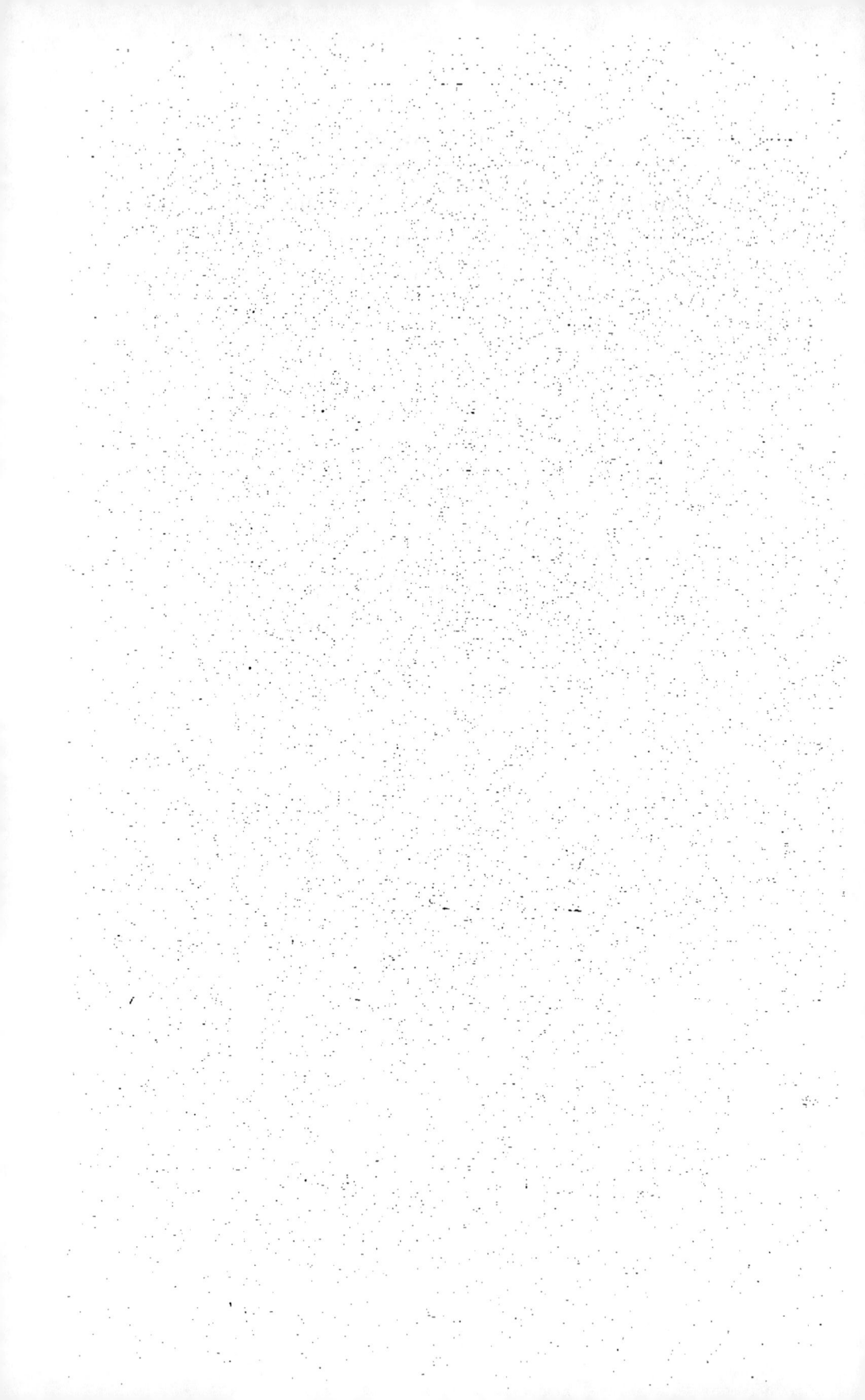

IX

LE TRAVAIL.

Si quelqu'un vous dit qu'en dehors
du travail et de la vertu il est possible
de parvenir, répondez à celui-là qu'il
a menti.

(FRANKLIN.)

La plupart des hommes voudraient se soustraire au travail, et les prétendues revendications sociales n'ont pas d'autre but, dans l'esprit de leurs auteurs, que de chercher à s'emparer violemment de la fortune acquise par le travail, et d'en jouir sans avoir eu la peine de la gagner. Si ceux qui veulent ainsi tout bouleverser raisonnaient un peu, se donnaient la peine de réfléchir et de vouloir être sensés, ils

verraient tout de suite que Dieu a ordonné
le travail, de quelque nature qu'il soit, à
tous les êtres créés par lui. L'insecte le
plus microscopique aussi bien que l'animal
le plus colossal, s'ils ne veulent pas mourir
de faim, doivent travailler pour pourvoir
à leur nourriture. Et l'homme qui, dans la
série des êtres est le plus haut placé,
n'est pas exempt du travail; il doit non-
seulement subvenir à sa nourriture, mais
encore à tous ses autres besoins, qui sont
nombreux.

De ce que l'homme, comme tous les
autres êtres, est condamné au travail,
cela ne veut pas dire que ce travail doive
être, forcément et toujours, un travail
manuel dur, pénible et fatigant. Il y a mille
manières dans une société civilisée de
s'occuper chacun d'une façon et pourtant
de contribuer à l'avantage de tous : de là
naît la division du travail. Mais il ne faut
pas croire qu'il n'y ait que l'artisan ou le
manouvrier qui travaillent et qui rendent
des services à la société. Les méditations
et les calculs d'un ingénieur à la recherche
d'un système de machine qui révolution-
nera la fabrication dans l'intérêt d'une

industrie quelconque dont les produits profiteront à tous ; les fatigues intellectuelles d'un économiste ou d'un penseur qui cherche les moyens d'augmenter le nombre des choses utiles et de diminuer les charges en ce qui regarde les nations, sont tout aussi nécessaires et tout aussi profitables au bien public que le résultat donné par le labeur de ceux que l'on est convenu d'appeler les travailleurs.

D'ailleurs, si tous les hommes indistinctement étaient soumis au travail manuel, et si la nombreuse armée de fonctionnaires publics, d'officiers ministériels, d'employés de commerce et autres industries, s'abattait tout-à-coup dans nos campagnes ou dans les usines quelconques fixées sur notre territoire, l'ouvrage possible ne suffirait pas pour les occuper tous, puisque souvent, avec le nombre actuel d'hommes cherchant du travail, nous en voyons toujours un grand nombre d'inoccupés. Et même, au point de vue du véritable travailleur, ce serait une mauvaise chose que d'exiger de chaque personne le travail manuel, car ce travail ne pourrait plus être assez payé, à cause de l'énorme

concurrence des ouvriers les uns vis-à-vis
des autres. D'un état social à peu près
satisfaisant nous arriverions à la plus
affreuse misère.

Le travail manuel n'a jamais déshonoré
personne ; au contraire, il a conduit beaucoup d'ouvriers à la fortune ; ces ouvriers
avaient débuté bien pauvrement, mais ils
avaient su, par leur intelligence, leur
bonne conduite, leur esprit d'ordre et
surtout leur persévérance, se faire appré-
cier partout où ils avaient passé. Ces
véritables travailleurs ne passaient pas le
meilleur de leur temps à lire de mauvais
journaux, à faire de la politique, à trouver
que tout était mal et que leur sort était
exécrable ; ils s'occupaient honnêtement,
en cherchant à se perfectionner ; ils
savaient bien que le travail assidu joint à
la loyauté et à une bonne conscience les
dirigerait certainement vers le but qu'ils
voulaient atteindre. Combien nous connaissons de ces utiles travailleurs, combien
nous pourrions en nommer qui, partis
des rangs les plus infimes, sont arrivés à
une magnifique situation de fortune et à
des honneurs inespérés.

Le travail tant redouté est pourtant salutaire. La santé de l'homme s'en trouve bien généralement. Les travaux des champs surtout contribuent beaucoup à rendre les hommes robustes, on le voit tous les jours ; et combien de gens riches, habitant les villes, ayant tout à leur disposition, sont mal portants et traînent bien souvent une vie maladive et languissante.

Ne récriminons donc pas contre le travail qui, dans ses nombreuses branches et dans le plan de Dieu, quoi qu'on en dise, est bien certainement obligatoire pour tous les hommes. Les pervers et les paresseux seuls voudraient s'en affranchir en profitant, s'ils le pouvaient, sans peine et sans fatigue, de l'épargne des ouvriers laborieux, économes et rangés.

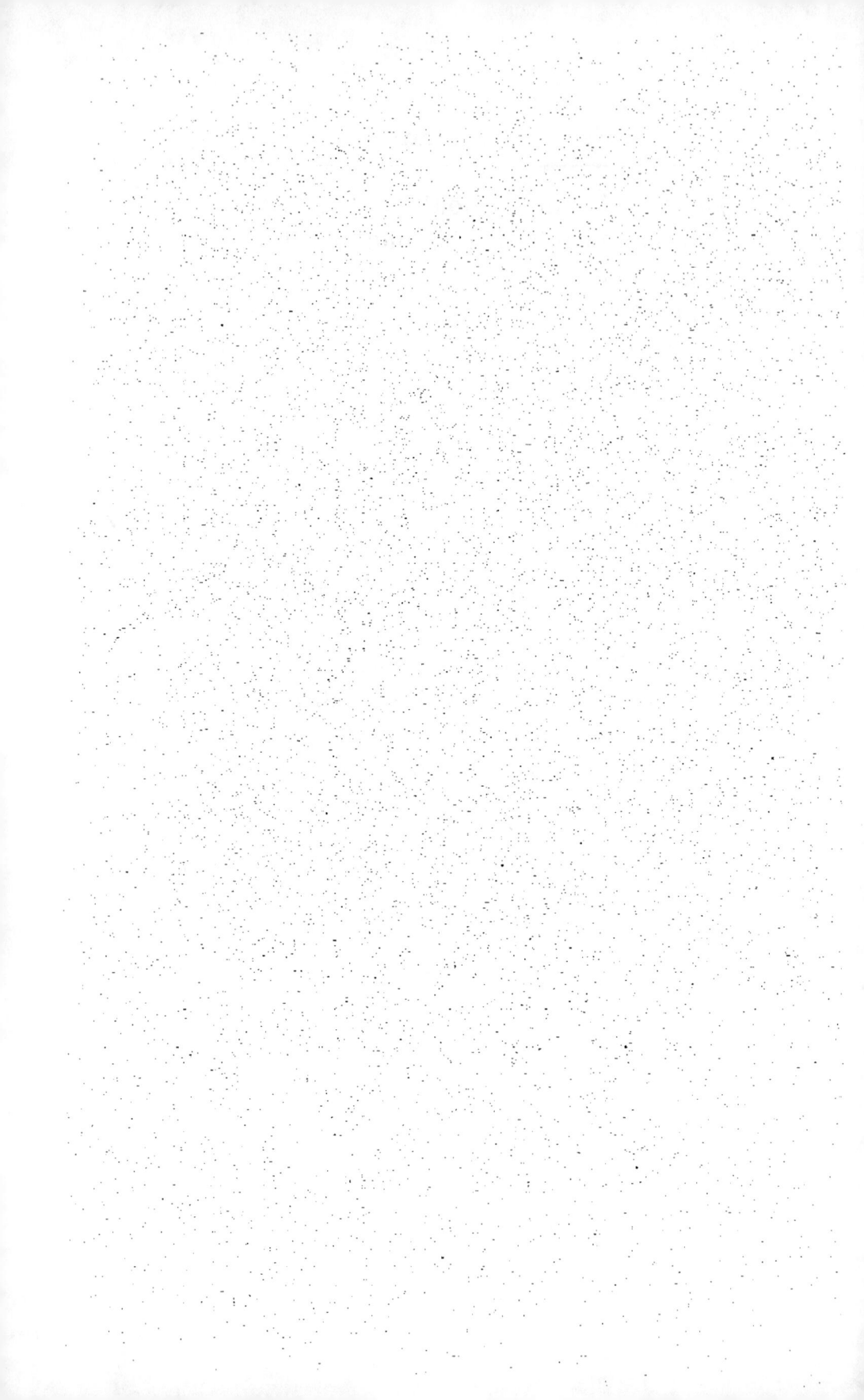

X

LA PROPRIÉTÉ.

On ne peut pas parler du travail sans
dire quelques mots de la propriété, qui en
est la conséquence.

D'où vient la propriété? L'origine de la
propriété se perd dans la nuit des temps.
Les hommes, avant de devenir propriétaires, vivaient probablement en commun

des produits naturels donnés par la terre et du produit de leur chasse. Ce n'est que par la suite que las, sans doute, d'errer ils voulurent se fixer quelque part et se décidèrent à cultiver la terre pour la faire produire des récoltes dont ils pourraient se nourrir. Ils défrichèrent le sol et en devinrent ainsi les premiers occupants.

Tous les hommes n'étaient pas animés du même courage. Il y en eut certainement qui ne voulurent rien faire, craignant beaucoup de se fatiguer — il y a toujours eu des paresseux ; — ils aimèrent mieux se reposer pendant que leurs frères faisaient les plus grands efforts pour obtenir quelques chétives productions.

Il est bien possible que lorsque la terre cultivée et améliorée commença à donner des récoltes, ceux qui ne voulaient rien faire demandèrent à partager avec ceux qui avaient tout fait ; de là des luttes fréquentes et probablement l'origine des premières guerres parmi les hommes. Les propriétaires des terres cultivées les conservèrent et les firent passer à leurs descendants, et cela était fort légitime, parce que les enfants avaient aidé les parents et, comme eux, avaient arrosé les sillons de leurs sueurs. Et quand bien même les enfants n'auraient pas aidé leurs parents, n'est-il pas juste que le père de famille qui a acquis, amélioré, embelli et constitué pour ainsi dire une propriété la laisse à ses enfants? Personne au monde ne peut avoir sur les biens d'un homme plus de droits que ses propres descendants. Serait-il honnête, serait-il raisonnable que des étrangers vinssent s'emparer de sa fortune de préférence à ses enfants? Tout individu sensé chez qui la passion de tout bouleverser n'a pas oblitéré le jugement n'oserait jamais soutenir qu'une telle iniquité puisse avoir lieu sans être la négation absolue de tout droit et de toute justice. Donc, comme nous venons de le dire, le droit d'hériter est aussi légitime que le droit de posséder.

Lorsque les terres furent bien cultivées on les garnit de bâtiments, pour loger les hommes et les animaux domestiques. La propriété territoriale était à jamais fondée.

Après que les hommes furent devenus propriétaires il y eut des transactions

entre eux ; mais ces transactions étaient
fort difficiles, car il fallait échanger les
produits ou, pour mieux dire, payer un
produit par un autre produit, ce qui
devait être fort embarrassant. Ce furent
ces inconvénients qui amenèrent la nécessité de créer un signe représentatif de la
propriété : ce signe, on l'a deviné, était la
monnaie.

Les hommes n'étant pas tous aptes au
même travail, et chacun par conséquent
ayant besoin de tous, il en résulta une
solidarité qui eut la monnaie pour lien. Au
moyen de cette monnaie, celui qui ne
pouvait pas produire lui-même tout ce
dont il avait besoin pouvait se le procurer
chez les autres, et ce sont bien les objets
de première nécessité que s'offraient les
hommes entre eux qui firent naitre le
commerce tel qu'il s'est toujours pratiqué.

Avec la monnaie — disons plutôt avec
l'argent — les échanges furent plus faciles.
Le propriétaire territorial voulait-il changer
de résidence, aller dans un autre pays, il
vendait sa propriété pour de l'argent.
Celui qui avait de l'argent et qui ne pos-
sédait aucun bien territorial voulait-il

devenir propriétaire de terres, il trouvait toujours quelqu'un prêt à lui céder sa propriété pour de l'argent.

Tout ce que l'on a dit contre la propriété est absurde, et nous entendons par le mot de propriété non-seulement la terre et les constructions, mais tout ce qui est l'objet du commerce et des transactions d'homme à homme : les immeubles, les meubles, l'argent et les valeurs quelconques représentant toutes les formes de la richesse.

· Les perturbateurs de l'ordre social actuel ne pensent pas que le désir d'avoir de la propriété ou, pour parler plus exactement, d'avoir des richesses, est dans le cerveau de tout homme raisonnable qui veut se faire une position dans le monde ou bien améliorer celle qu'il a déjà. C'est ce désir de s'enrichir, chez chacun en particulier, qui fait que tous les hommes sont en mouvement du matin au soir, que l'argent circule et passe alternativement d'une main dans l'autre et ainsi dans toutes les mains. Le jour où le noble et légitime désir de s'enrichir s'arrêterait chez les individus, la société serait anéantie, finie. Le travail et l'ambition d'avoir de la fortune ou d'augmenter celle que l'on a sont l'âme et la vie des nations.

Pour conclure sur ce sujet, disons que ceux qui veulent détruire la propriété, en spoliant ceux qui en sont les détenteurs actuels, sont aussi désireux de la posséder que ceux auxquels ils veulent la prendre, et à peine l'auraient-ils, si cela pouvait jamais se faire, qu'ils prendraient, soyez-en bien persuadés, les mesures les plus autoritaires pour la conserver et en rester les possesseurs incommutables. Nous espérons bien qu'ils ne pourront en venir là, car le nombre des hommes sensés dépasse, heureusement, de beaucoup le nombre des fous, et ceux qui veulent commettre un attentat contre le droit de propriété sont bien certainement des fous.

XI

LE SOCIALISME.

> Il n'y a que les fous pour rêver
> l'anarchie; les plus enragés démolis-
> seurs de pouvoir n'en veulent pas.
> La réforme radicale qu'ils promettent
> au monde c'est, en définitive, un gou-
> vernement où ils seront les maîtres,
> un gouvernement où ils auront la
> liberté de tout vouloir et de tout faire.
>
> (R. P. Monsabré.)

Depuis cinquante ans le commerce et
l'industrie, grâce à la vapeur, aux chemins
de fer, à la navigation et à de nombreuses
inventions, se sont considérablement dé-
veloppés. Des fortunes ont été très-rapidement faites, et un nombre incalcu-
lable de gens relativement pauvres sont
devenus, presque tout-à-coup, fort riches.

5

De là sont venues la jalousie et la haine de
ceux qui sont restés pauvres contre ceux
qui ont fait leur fortune ; c'est bien injuste,
mais cela est. On ne pardonne pas à la
société lorsqu'elle ne nivelle pas les richesses, lorsqu'elle ne les met pas à la
disposition de tous et ne permet pas à
chacun d'en avoir beaucoup. La haine et
la jalousie dont nous venons de parler ont
conduit les pauvres et les déclassés à
désirer le socialisme.

Qu'est-ce donc que le socialisme? Nous
ne le savons pas au juste, parce que ceux
qui en parlent le plus ne sont pas d'accord
entre eux sur la véritable signification du
mot, ils le comprennent de bien des manières. Nous pouvons dire cependant
qu'en général le socialisme, tel qu'on le
voit poindre dans les discours et les écrits
des socialistes, serait un bouleversement
complet de l'état de choses actuel. Il n'y
aurait plus de propriétaires, plus de
capital ; on le dit assez souvent le capital
— l'infâme capital — doit à jamais disparaître ; il n'y aurait plus de maîtres ni de
serviteurs ; il n'y aurait plus de riches ni
de pauvres : tout serait en commun ou à

peu près, et tous les hommes auraient exactement les mêmes parts dans tout ce qui concerne la propriété quelle qu'elle soit. Voilà en raccourci et très-succinctement une idée du socialisme.

Si donc un pareil état de choses arrivait, voyons s'il pourrait durer, s'il serait viable et donnerait satisfaction à l'humanité en lui amenant cet idéal de bonheur que l'on promet aux habitants de la France.

Il nous sera très-facile de prouver que pour établir l'égalité parfaite dans la vie matérielle des peuples, il aurait fallu que le Créateur l'eût établie lui-même dans le moral et le physique des hommes. Nous avons vu plus haut que cette égalité n'existait absolument pas ; que c'était, au contraire, l'inégalité qui était une loi, visible et palpable, de la nature.

Si les hommes sont inégaux au moral comme au physique, ils doivent être inégaux dans les moyens d'utiliser leurs forces et d'en retirer des avantages ; c'est-à-dire, par exemple, que l'homme de génie et l'homme intelligent sauront toujours produire des choses que le crétin et l'imbécile ne pourront jamais produire. Le fort dépassera le faible de beaucoup en travail, l'homme économe, rangé et sobre, aura d'immenses ressources pour réussir comparativement à l'homme prodigue, débauché et ivrogne. D'un autre côté, les aptitudes ne sont pas les mêmes : les uns ont vite appris un métier et savent en tirer parti bien avant que les autres puissent arriver à savoir quoi que ce soit Les autres naissent avec des vocations très-prononcées : telles que celles de peintre, sculpteur, musicien ; un grand nombre se sentent attirés dans les pratiques de la vie religieuse : ils se font prêtres, missionnaires, moines. Enfin il y en a qui sont actifs, qui aiment le travail et ne craignent pas les fatigues, tandis que d'autres sont indolents, paresseux et ne veulent à aucun prix se livrer à la moindre besogne.

Cette société déjà si disparate dans ses éléments contient encore des malades, des boiteux, des aveugles, des sourds-muets et des paralytiques. Comment pourrait-elle se niveler et arriver à créer un état de choses où chaque individu trouverait le bonheur ? Nous répondons hardiment qu'elle ne le pourrait pas, et ce ne sont point les discours des théoriciens du socialisme qui pourront en hâter l'avénement; car, nous l'avons déjà dit, l'homme de génie ne consentira jamais à être mis au même rang que le dernier des idiots. Le travailleur ne voudra pas non plus se tuer à l'ouvrage pour nourrir le paresseux et le débauché, et lorsque chacun saura qu'il ne peut plus acquérir ni devenir propriétaire, il ne voudra plus faire œuvre de ses dix doigts.

Il y a autre chose encore : si, comme les socialistes le désirent, on arrivait à bouleverser, du jour au lendemain, la société telle qu'elle existe en ce moment, qu'il n'y eût plus de propriétaires, plus de riches, que tous les hommes fussent égaux, comment la nouvelle société pourrait-elle fonctionner? Il y a, comme chacun le sait, un nombre considérable d'ouvriers, d'industriels et de commerçants qui ne vivent que du travail et des acquisitions que le luxe des riches leur procure; si les riches n'existaient plus, ces gens-là ne pourraient être occupés ni vendre leurs produits chez les autres ouvriers, puisque ces ouvriers seraient aussi pauvres qu'eux. Que deviendraient alors les bijoutiers, les horlogers, les peintres, les doreurs, les carrossiers, les tapissiers et tant d'autres professions qui ne trouvent du travail absolument que chez les gens possédant de grandes fortunes ? Ils se reposeraient en atttendant que Dieu voulût bien leur envoyer, comme aux Israélites dans le désert, une manne quelconque. Vous voyez que nous arrivons à quelque chose de tout à fait impossible et de complètement impraticable.

On a toujours beaucoup crié contre les riches et leur luxe ; eh bien ! si les riches et leur luxe n'existaient pas, il faudrait s'empresser de les inventer, car ils sont aussi indispensables aux ouvriers que l'air est indispensable à la respiration. Sans les riches la société serait impossible : ce sont les riches qui donnent la première impulsion à la circulation de l'argent. Mais l'argent des riches c'est la fortune des pauvres !

On ne se doute pas de ce qu'elles ont fait vivre d'ouvriers, dans quelle innombrable quantité de mains elles sont passées ces richesses en ameublement qui ornent les maisons des gens du grand monde. On

ne voit, pour ne citer qu'un exemple,
dans un beau meuble, que le travail de
l'ébéniste. On oublie que depuis l'homme
qui a planté l'arbre d'où provient le bois
qui a servi à faire ce meuble, ce même
bois a subi de nombreuses transforma-
tions qui ont mis en jeu bien des forces
diverses et bien de la monnaie; on oublie
qu'il a peut-être occupé des centaines
d'ouvriers, et il en est ainsi pour tout
travail sortant en apparence de la main
d'un seul ouvrier.

Les ouvriers ont gagné dans les trente
dernières années énormément d'argent,
ils ont donc pu se donner beaucoup de
bien-être; malheureusement, toutes les
fois qu'il y a un temps d'arrêt dans le
travail, des chômages quelconques et que
les salaires baissent, les ouvriers qui n'ont
pas été économes, ceux qui ont toujours
tout dépensé jettent les hauts cris, et ces
cris ne manquent jamais d'être recueillis
au passage par les ruinés, les médecins
sans malades, les avocats sans causes et
par tous les déclassés dont la société
regorge. Les plaintes des ouvriers, souvent
peu justifiées, servent de prétexte aux

meneurs et aux ambitieux pour exhaler leur mécontentement et satisfaire, par des discours et des écrits incendiaires, leur haine contre les riches qu'ils voudraient voir spoliés et réduits à la misère.

Les anarchistes, ceux qui ne veulent ni Dieu ni maître, se donneront beaucoup de peine pour arriver au but qu'ils désirent et qui est celui-ci : être les fétiches ou, si vous aimez mieux, les idoles du peuple; y parviendront-ils? Nous ne le savons pas; mais ce que nous savons parfaitement bien, c'est que leurs théories sont impraticables, ridicules et absurdes, et que si un jour ils parvenaient à les essayer, il y aurait peu de temps après cet essai une telle épouvante parmi les partisans du socialisme que les plus osés d'entre eux viendraient eux-mêmes, honteux et l'oreille basse, redemander l'ancien état de choses; ce qui serait pour eux une véritable résurrection après le périlleux essai qu'ils auraient fait.

XII

LE GOUVERNEMENT.

───────

Tous les mécontents irréfléchis, les
convoitises, les rêves de spoliations,
la passion d'abaisser ce qui est élevé,
l'envie, la haine, toutes les révoltes
de l'âme se donnent rendez-vous sous
le drapeau de la République, espérant
y trouver la réalisation de leur idéal.

(SAINT-JULIEN.)

Ordinairement on entend par gouvernement le pouvoir exécutif, qui comprend
le souverain ou le chef de l'Etat et les ministres chargés d'administrer les affaires.
Les ministres préparent les ordonnances
ou les décrets et le chef de l'Etat les signe.

En France, depuis la disparition de la
monarchie absolue, les prérogatives du

souverain, que ce soit un roi ou un président de République, ont beaucoup diminué, et l'on est bien forcé de reconnaître que le chef du pouvoir exécutif, quel qu'il soit, n'a pas beaucoup d'autorité ; sauf le droit de faire grâce qui lui a été laissé, il n'est guère que l'exécuteur des volontés du Sénat et de la Chambre des députés. Les ministres eux-mêmes ne font pas autre chose que d'obéir aux ordres du Parlement, qui bien souvent fait descendre les souverains de leur trône et oblige les présidents de République à quitter le palais qui leur servait d'habitation. Nous n'en avons vu, hélas ! que trop d'exemples. Quant aux ministres, on peut dire que leur pouvoir est tout à fait éphémère ; ils sont comme un jouet dans les mains des députés.

Le pouvoir exécutif nomme à tous les emplois et à toutes les fonctions publiques, cela est vrai ; mais les trois quarts du temps il ne choisit pas lui-même les fonctionnaires dont il a besoin, ils lui sont, presque toujours, indiqués par les nombreux souverains composant les deux Chambres.

On sait d'ailleurs que les malheureux fonctionnaires, sous le gouvernement républicain, sont surveillés de près, dénoncés très-souvent au député de leur arrondissement, qui obtient facilement leur changement ou même leur révocation. Rien n'est refusé au député qui marche au vote des lois guidé par les ministres.

Les ministres ne peuvent exister et conserver quelque temps leurs portefeuilles que s'ils ont la majorité dans le Parlement. Pour obtenir cette majorité, ils sont obligés d'être à la merci des deux Chambres ; c'est pour cela que les députés gouvernementaux ont autant de crédit auprès des ministres et disposent pour ainsi dire des positions que peut donner l'Etat et font faire tous les jours ce remue-ménage qui déplace les uns pour replacer les autres. La faveur qu'obtiennent les députés auprès des électeurs ne dépend absolument que de leur influence sur les ministres. Le résultat de leurs manœuvres est de pourvoir de places ceux qui n'en ont pas. Malheureusement, les gens ruinés et les quémandeurs sont fort nombreux, et le fonctionnarisme absorbe une grande

partie des ressources du budget, qui va
de plus en plus en se déséquilibrant et en
appauvrissant notre pays.

Pour nous, dans la période républicaine
que nous traversons, c'est donc le Parlement qui a presque tout le pouvoir. Si les
sénateurs et les députés sont honnêtes,
animés du seul désir de faire le bien, les
choses peuvent encore aller passablement,
mais s'ils sont sans scrupules, malheur au
pays !

Pour avoir un gouvernement respecta-
ble, honnête et qui puisse durer, il faut
lui donner des sénateurs et des députés
sincèrement conservateurs, honnêtes, instruits et par-dessus tout aimant leur pays.
Nous allons voir bientôt si cela est possible.

XIII

LES LÉGISLATEURS.

***

> Le parti républicain... agit comme
> une faction victorieuse, jalouse de
> consolider sa domination, de satis-
> faire ses aversions, de s'assurer les
> profits du pouvoir, ses priviléges et
> ses honneurs.
>
> (Saint-Julien.)

> Le jour où le suffrage universel,
> écœuré par la manière de gouverner
> des républicains, enverra une majorité
> monarchique à la Chambre des députés,
> la monarchie sera faite.
>
> (Edouard Hervé.)

En France nous appelons législateurs les
membres du Sénat et de la Chambre des
députés, qui sont nommés par le suffrage
universel. Ils forment deux assemblées
bien distinctes, qui composent le Parlement. Les lois sont préparées, discutées
et votées par les deux Chambres, et ensuite
promulguées par le chef du pouvoir exécutif.

On voit quelle puissance tiennent dans
leurs mains sénateurs et députés ; ils font
par leurs votes des lois qui engagent tous
les citoyens. Ces lois peuvent être utiles
et justes, mais elles peuvent aussi être
inutiles, dangereuses et quelquefois ini-
ques. Il est donc de la plus grande importance de bien choisir des mandataires
auxquels on donne une aussi grande pré-
rogative que celle de faire des lois et de
déclarer la guerre. Mais bien choisir de
tels mandataires nous paraît à peu près
impossible, voici pourquoi :

Depuis l'établissement du suffrage universel dans notre malheureux pays, les
déclassés, les incapables, les paresseux,
les hommes tarés les plus repoussés de la
société, ont tous, sans exception, la pré-
tention de pouvoir faire des députés ou
des sénateurs, et ils savent très-bien qu'ils
ne peuvent pas se faire nommer par les
conservateurs, les hommes instruits,
honnêtes et aimant sincèrement leur pays.
Ils se rejettent sur les nombreux ouvriers
des villes et des campagnes qu'ils savent
toujours prêts à montrer leur haine contre
Dieu, la religion et les riches. Ils trompent
ces pauvres ouvriers en leur promettant

un état social où ils auront tout ce qui
leur manque, en prenant ou à peu près la
fortune des riches. Les ouvriers, qui enten-
dent ces théories insensées, dont nous
avons déjà montré toute l'absurdité, ne
sont pas à même d'en reconnaître les
dangers, et quand même ils le reconnaî-
traient ils les accepteraient parce qu'elles
flattent beaucoup leurs secrètes convoitises. Joignez à cela toutes les infamies
que les journaux du radicalisme débitent
chaque jour contre les riches et le capital,
et dites-moi, maintenant, s'il est facile
aux conservateurs, aux hommes honnêtes,
instruits et sérieux, de devenir députés.
Non, cela n'est pas facile, car ceux-ci ne
promettent que des choses possibles, raisonnables, ne disent que des choses
vraies, ne veulent que le bien du pays,
que la prospérité et la grandeur de la
France, tandis que les candidats du parti
radical promettent tout ce que ce parti
leur demande, et une fois arrivés à la
députation ne peuvent, comme on le pense
bien, tenir la moindre de leurs promesses.
Mais ce qu'ils tiennent bien et ce qui ne
leur échappera pas facilement, grâce à de
nouvelles promesses, c'est leur mandat de

député ; ils ne sont absolument préoccupés que du succès de leur réélection. On leur demanderait, à la condition de cesser d'être député, de voter une loi qui assurerait le bonheur de leurs chers électeurs, soyez bien persuadés qu'ils ne la voteraient jamais, la réélection étant tout pour eux. Ces députés si riches en promesses se moquent des lois, ils se moquent de tout. Que les affaires marchent ou qu'elles ne marchent pas, que le commerce tombe et se ruine, cela leur est bien égal, pourvu qu'ils restent députés et que leur réélection soit assurée, c'est tout ce qu'ils demandent ; tous leurs efforts, toutes leurs démarches ne tendent qu'à obtenir la continuation de leur mandat.

Malgré tout ce que nous venons de dire, les ouvriers, subjugués par les mensongères promesses que nous connaissons, repoussent, presque toujours, les conservateurs auxquels ils font entendre ce cri de haine : Arrière, vous n'êtes pas pour nous, nous ne voulons pas de vous !

Il en sera ainsi tant que le suffrage universel ne sera pas modifié, et s'il n'est pas modifié bientôt, malheur à la France !

XIV

LE SUFFRAGE UNIVERSÊL.

> Le suffrage universel est susceptible
> du bien comme du mal ; en somme, il
> est plus nuisible qu'utile à la société
> chez laquelle il fonctionne, car il la
> condamne à d'éternelles variations qui
> doivent amener rapidement sa chute.
> Une société qui danse sur ses bases,
> toujours prête à s'abîmer dans le
> chaos, et qui périodiquement se sus-
> pend dans le vide, attendant son sort
> d'un vote capricieux, ne peut pas
> affirmer sa prosperité et croire à son
> avenir.
>
> (R. P. Ar.)

Le suffrage universel a été établi en
France en 1848 par M. Ledru-Rollin,
membre du gouvernement provisoire. Le
peuple français n'était nullement préparé
à cet événement ; aussi l'usage du suffrage
universel a-t-il été funeste à notre pays
d'abord et aux classes laborieuses ensuite.

6

On ne peut pas nier non plus que la France n'occupe plus en Europe le rang qu'elle y occupait avant 1848, sous les gouvernements honnêtes, fermes et sages qui ont précédé cette déplorable époque. La situation presque humiliante que nous avons maintenant est due à la pratique intempestive et inopportune de ce fameux suffrage universel.

Lorsque le sens électoral existait, que quelques hommes seulement dans chaque commune étaient éligibles et électeurs, tous les déclassés et les paresseux ne prétendaient à aucune fonction publique et encore moins à la députation ; ils se tenaient à peu près tranquilles et ne troublaient pas la paisible existence des ouvriers qui ne pensaient, à ce moment, qu'à leur travail et à vivre inoffensifs dans les villes comme dans les campagnes. A peine le cens électoral a-t-il été aboli et le suffrage universel installé à sa place que, comme nous venons de le dire, tous les hommes se sont imaginés pouvoir être députés. De là est née toute l'agitation qui depuis a constamment troublé notre pauvre pays. Il a fallu des professions de foi,

des clubs, des réunions publiques et des
journaux, qui ont à qui mieux mieux per-
verti l'esprit du peuple en lui promettant
une situation future tout à fait impossible
à obtenir. Cette agitation presque perma-
nente entretient une fermentation dans
les intelligences qui anéantit toute espèce
de tranquillité et met les classes de la
société en antagonisme les unes contre les
autres. Nous sommes un véritable foyer
de perturbation sociale et les générateurs
de toute idée révolutionnaire en Europe,
tant et si bien que les autres nations ont
peur de nous et nous regardent avec une
grande défiance, et, sans en avoir l'air,
sont de plus en plus montées contre nous,
parce que nous laissons vivre en paix chez
nous, et tranquillement marcher à l'assaut
de la société actuelle, tous les ennemis
des gouvernements monarchiques.

Le suffrage universel n'a pas été non
plus favorable à la classe ouvrière, en
émancipant tout-à-coup, au point de vue
politique, des hommes pour la plupart
très-ignorants et qui n'avaient pas la
moindre habitude de cette bataille qu'on
appelle les élections. Ces pauvres gens se

sont crus quelque chose lorsqu'ils rece-
vaient toutes ces professions de foi qu'ils
se faisaient lire sans les comprendre, mais
qui leur étaient expliquées et commentées
par ceux d'entre eux qui avaient quelque
instruction.

On voit tout de suite l'influence malheureuse de cette émancipation prématurée,
qui a produit ces Assemblées nationales
indisciplinées et turbulentes que nous
avons connues, qui n'ont jamais fait autre
chose que d'entretenir l'agitation et le
trouble dans notre pays et séparer toute la
population en deux classes bien distinctes:
les conservateurs et les démolisseurs, les
partisans de ce qui est juste et raisonnable
et les partisans de ce qui est impraticable
et essentiellement révolutionnaire.

Les ouvriers, ballottés en tous sens,
allant des conservateurs aux radicaux,
tirés d'un côté par les hommes honnêtes
qui veulent leur bien et d'un autre côté
par les fous qui leur promettent un état
social imaginaire et chimérique, ne savent
que faire, mais se laissent cependant
séduire par ces derniers, qui malheureusement profitent de leur ignorance et de

leur faiblesse pour se faire élever sur le
pavois.

Il y aura bientôt quarante ans que les
ouvriers votent, il y aura bientôt quarante
ans qu'on leur promet une amélioration
notable de leur sort; qu'ils nous disent
donc ce qu'ils ont obtenu, qu'ils nous
disent quelles richesses les hommes auxquels ils ont fait la courte échelle ont
mises à leur disposition. Hélas! ils n'ont
rien obtenu, absolument rien; si, ils ont
obtenu quelque chose; nous allions oublier
de dire qu'ils payent beaucoup plus d'impôts qu'avant l'établissement du suffrage
universel, et que toutes les charges
publiques ont augmenté d'une manière
effrayante, parce qu'il a fallu placer et
caser un grand nombre de créatures qui
n'auraient pu vivre sans les secours de
l'Etat; malheureusement, l'Etat c'est tout
le monde!

On a cru que sous l'Empire de Napoléon III le suffrage universel avait donné
de la force au gouvernement, parce que
ce gouvernement avait pu, grâce à une
certaine énergie au début du règne, le
diriger pendant assez longtemps. Cela est

vrai, mais ce qui est vrai aussi bien, c'est
que le suffrage universel a indirectement
causé la chute de l'Empire ; il n'est pas
difficile de le faire comprendre. Le gouvernement, gâté par ses faciles succès dans
les élections, s'est cru inébranlable, et
avec ses députés officiels pensait pouvoir
tout faire et ne rencontrer jamais d'obs-
tacle. L'armée, très-négligée, était devenue
presque indisciplinée et peu préparée pour
une grande guerre. Mais l'Empereur, si
fort après le plébiscite de mai 1870,
croyant que tout lui serait favorable,
tomba facilement dans le piége qui lui
était tendu par l'Allemagne, qui connais-
sait bien mieux que lui l'état précaire de
l'armée française ; il déclara la guerre, fut
battu et perdit en moins de deux mois
une couronne qu'il croyait rivée à son
front.

Si, au lieu du suffrage universel, ce
monarque avait eu le suffrage restreint, il
aurait eu des députés moins dociles et
plus libres qui lui auraient donné d'autres
conseils que ceux qu'il écouta, et il est
plus que probable que les choses se
seraient passées à l'avantage de la France,

qui ne serait pas tombée au degré d'abaissement où nous ont conduits la témérité, la souplesse et, il faut bien le dire, la docilité impardonnable des députés d'alors.

Le suffrage universel a donc fait, comme nous venons de le voir, beaucoup de mal à la nation, qui est bien déchue auprès des autres nations. Il a fait beaucoup de mal aux classes ouvrières qu'il a corrompues et mises dans une impasse d'où elles ne peuvent sortir. Tenues en grande suspicion par les conservateurs, qu'elles ont repoussés et éloignés de toutes les fonctions salariées ou non, elles sont maintenant exploitées par les promesses fallacieuses des députés radicaux, qui les mènent par leur politique aventureuse et de gaspillage à une prochaine misère, car la France, avec son gouvernement républicain, voit l'agriculture et toutes ses industries aller rapidement à une ruine certaine.

Il ne faut pas croire que les ouvriers et les pauvres gens qui votent sont tous, sans exception, contents de leur élévation au grade d'électeur; il y en a énormément qui seraient enchantés d'être rayés de la

liste électorale, surtout dans les campagnes, et de ne plus voter du tout. Dans nos
nombreuses relations avec les ouvriers, que
de fois nous avons entendu ces malheureux,
tiraillés dans tous les sens, nous dire :
« Mais qu'on ne nous fasse donc plus voter,
nous serions beaucoup plus tranquilles.
Nous ne sommes pas libres, nous ne
sommes pas indépendants, nous ne pouvons pas voter pour qui nous voulons;
nos camarades veulent nous mener, nous
enrôler sous leur bannière et faire de nous
des mannequins. A chaque élection si nous
avons voté pour un candidat plutôt que
pour un autre, nous sommes honnis, conspués et maltraités; nous ne savons vrai-
ment comment faire. Les conservateurs se
défient de nous; les radicaux n'ont pas
plus de confiance, et cependant ils nous
font marcher et ne nous laissent absolument aucune liberté. Ce serait pour nous
une véritable délivrance si nous n'étions
plus électeurs. Qu'on fasse donc en sorte
de nous sortir de cette situation, qui est la
cause de beaucoup d'ennuis pour la plupart d'entre nous. » Ce langage, nous ne
l'avons pas entendu une fois, mais cent

fois. Comme ils ont raison ces malheureux.
de vouloir être tenus à l'écart de cette
bataille électorale si souvent renouvelée,
et qui est presque toujours la cause des
malaises qu'éprouvent l'industrie, le commerce et l'agriculture !

Si jamais les conservateurs reviennent
au pouvoir et qu'ils aient le désir de
donner la paix à notre pays, ils n'ont
qu'une chose à faire : c'est de faire une loi
qui décharge de la cote mobilière, de la
cote personnelle et des prestations tous
les pauvres gens, tous les ouvriers, tous
les manœuvres qui ne possèdent absolument aucune valeur immobilière et qui
n'ont que leur travail quotidien pour toute
fortune. Mais en même temps il faudrait
que cette loi contienne un paragraphe qui
exonère ces pauvres salariés du droit de
voter et qu'ils fussent rayés à tout jamais
des listes électorales. Beaucoup d'écer-
velés, beaucoup de radicaux approuve-
raient vivement la première mesure, mais
crieraient bien fort contre la seconde. Eh
bien ! nous affirmons que les trois quarts
de ces braves gens seraient heureux de
cette décision et se sentiraient immensé-

ment soulagés et en témoigneraient hautement leur satisfaction. Si nous n'avions
pas entendu de nos oreilles les récriminations que débitent beaucoup d'ouvriers
contre le droit de vote nous n'affirmerions
pas aussi positivement que nous venons
de le faire les convictions que nous connaissons à beaucoup d'entre eux sur le
suffrage universel.

On dit que le suffrage universel est entré
dans nos mœurs, qu'il faut continuer à s'en
servir et qu'il n'en résultera rien de dange-
reux pour notre pays. L'usage du suffrage
universel tel que nous le pratiquons nous
conduit directement aux plus redoutables
catastrophes.

On peut d'ailleurs comparer l'usage du
suffrage universel à l'usage de l'absinthe;
ce dernier usage aussi est entré fortement
dans le goût des buveurs, et la perfide
boisson mène ceux qui s'y adonnent avec
tant de plaisir tout droit à la folie. Il en est
exactement de même pour le suffrage universel; son usage nous mène à la folie
politique et nous fait descendre rapidement vers une décadence absolue. Il faut
bien vite modifier, améliorer le terrible

breuvage si nous ne voulons pas voir mourir notre pauvre patrie.

Il est encore temps de reculer, de revenir en arrière et de suivre, au point de vue électoral, non pas les vieux errements du passé, mais d'adopter une modification sérieuse du suffrage universel qui n'amènera plus dans l'arène tous ces malheureux qui expient par la misère et la pauvreté leur coupable confiance dans des meneurs qui les trompent et sont cause de la position précaire dans laquelle ils se débattent depuis qu'on les pousse aux urnes.

Modifions bien vite le suffrage universel, arrêtons-le dans sa course vers le mal et donnons-lui une direction autre que celle qu'il suit presqu'à chaque élection ; empêchons-le de nous faire tomber dans l'abîme affreux qu'il creuse tous les jours pour nous précipiter au fond.

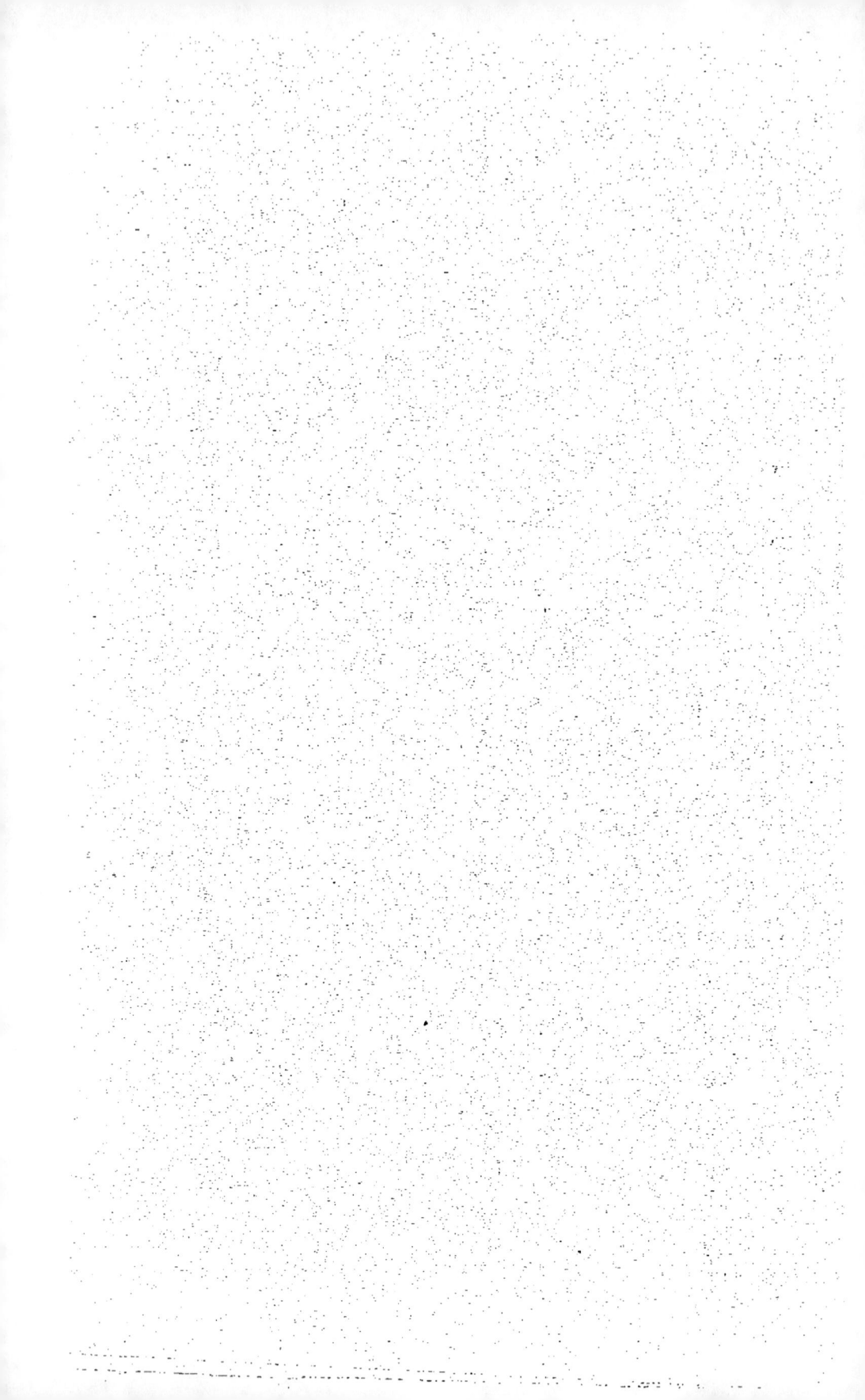

XV

LES FONCTIONNAIRES PUBLICS.

> Dans l'espace de huit ans, les répu-
> blicains ont trouvé le moyen de créer
> autant de places nouvelles que les
> conservateurs dans l'espace d'un quart
> de siècle.
>
> (H. DE KÉROHANT.)

Un des plus mauvais effets du suffrage
universel, c'est que le député, quel qu'il
soit, s'il veut espérer une réélection, doit
être à la disposition de ses électeurs.
Chaque jour il reçoit une volumineuse
correspondance qui lui demande non-
seulement secours, aide et protection,
mais qui lui dénonce, en même temps,
l'un ou l'autre parmi les fonctionnaires. Il
faut que ce pauvre député aille dans les

préfectures, dans les ministères et dans
les diverses administrations, pour recommander l'un et faire avancer l'autre, puis
signaler des changements auxquels l'on ne
pensait pas, et bien souvent demander
une révocation sur la dénonciation de celui
qui convoite la position du malheureux
que l'on va révoquer.

Des démarches journalières de nos députés résultent de véritables hécatombes
de fonctionnaires que l'on a appelées
« l'épuration ». Jamais sous la monarchie
on aurait osé troubler d'une manière aussi
complète tous les rouages de l'administration. Mais le suffrage universel fait mettre
tout le monde en branle. Il faut, quel que
soit l'ennui que le député éprouve, répondre au désir exprimé par l'électeur, sans
cela gare la réélection !

Ni les talents, ni les connaissances
acquises, ni la conduite, ni les longs services ne sont comptés ; il faut absolument
disparaitre pour faire de la place aux faméliques : « Ote-toi de là que je m'y mette »
est la phrase consacrée.

Dans un gouvernement honnète on pro-
tégerait les pauvres fonctionnaires qui, se

sentant soutenus, n'en seraient que plus dévoués, et toutes les branches des services publics n'en marcheraient que mieux.

Si les fonctionnaires ne devaient plus compter que sur leurs talents et leur bonne conduite pour avancer dans leur carrière, ils s'occuperaient sérieusement de leurs devoirs et seraient bien certainement à la hauteur de leur mission. Mais le plus souvent ils comptent sur la protection des uns ou des autres et ne travaillent pas comme ils devraient travailler. Et le fonctionnaire le plus laborieux, le plus fidèle, qui n'a personne pour le protéger, est laissé dans l'oubli, tandis que son collègue, fainéant et apathique, a un protecteur influent qui le pousse sans qu'il ait à prouver aucun mérite. Tout cela est bien mauvais et dénote un état de corruption que les honnêtes gens ne peuvent assez réprouver.

Si l'on voulait rétablir l'ordre et agir plus sagement encore, il ne faudrait donner de l'avancement qu'à la bonne conduite, aux connaissances et au travail, et toutes les fois qu'un fonctionnaire se ferait recommander par l'un ou par l'autre, ce serait pour lui une mauvaise note et un motif de disgrâce.

Le député est nommé pour préparer, discuter et voter les lois, et non pour être la boîte aux lettres des électeurs de son département. Réduit à jouer son vrai rôle de législateur, il gagnerait beaucoup en tranquillité et surtout en dignité. Mais ce n'est pas avec la pratique du suffrage universel, telle que nous le connaissons, que l'on arrivera à cette honnêteté politique que tous les gens sensés et désireux de voir la France se relever appellent de toutes leurs forces et de tous leurs vœux.

XVI

LE CLERGÉ.

Renoncer aux joies de la famille,
vivre seul jusqu'à la vieillesse, pour
être le père de tous, échanger quelquefois de brillantes perspectives de fortune ou de succès contre une situation
obscure et modeste, donner à l'instruction des enfants du peuple, au
soulagement des pauvres, aux entre-
prises charitables tout son temps et
toutes ses forces, tel est l'emploi d'une
vie sacerdotale.

(Cardinal GUIBERT.)

On ne veut plus de Dieu, par conséquent
les prêtres deviennent inutiles. Si on ne
leur a pas encore interdit toutes fonctions
sacerdotales, on commence à les sur-
veiller, à les gêner ; puis il est question de
leur enlever leur traitement ; ce n'est pas
encore fait, mais nous y arrivons à grands
pas.

7

Le gouvernement fait beaucoup de frais pour l'enseignement laïque; il veut, en apparence du moins, que le peuple français s'instruise et acquière de nombreuses connaissances pour obtenir les moyens de satisfaire ses besoins matériels, mais il ne veut pas qu'il apprenne quoi que ce soit en fait de morale et surtout de morale religieuse, parce que la morale religieuse impose à l'homme des devoirs envers Dieu, lui parle d'une vie future meilleure que celle d'ici-bas, et que pour mériter cette vie et gagner le ciel il faut être honnête et d'une conduite irréprochable sous tous les rapports; ce qui ne fait pas l'affaire des républicains, qui ne sont au pouvoir que parce qu'il y a des gens sans droiture et sans conscience toujours prêts à les appuyer de leurs votes. Il faut aux républicains des révolutionnaires qui ne reculent devant aucun moyen pour arriver à leurs fins. Avec des hommes religieux on ne peut penser à bouleverser une société; ils ont des principes tout opposés à ceux des démolisseurs. Donc, entretenir dans l'esprit du peuple des idées révolutionnaires, en le détachant complètement

de Dieu et des prêtres, pour exalter et
faire miroiter devant ses yeux le bonheur
terrestre, voilà la cause unique et certaine
de la haine des gouvernements républicains contre les ministres du culte ; il n'y
en a pas d'autre ; d'ailleurs ils le disent
hautement : « Les prêtres sont les ennemis
de la République, ils sont contre nous. »

Nous ne pouvons pas assurer que les
prêtres aiment beaucoup la République ;
mais ce que nous pouvons affirmer, c'est
qu'avec les moyens de propagande anti-
républicaine qu'on laisse à leur disposition,
il ne leur serait pas facile de la faire disparaitre. On leur ordonne bien de prier,
chaque dimanche, pour le gouvernement
républicain, mais on leur interdit en même
temps de parler à l'église de la République.

Les quarante mille prêtres qui disent la
messe en France n'ont pourtant guère les
moyens de se réunir, de conspirer et d'or-
ganiser entre eux une armée qui pourrait
prendre d'assaut ce gouvernement si
solide, qui répète si souvent qu'il est à
jamais fondé et inexpugnable.

Non, le gouvernement républicain ne
croit pas que les prêtres puissent le ren-

verser par les armes ; mais il redoute leur
influence morale, qui est bien plus à craindre que les fusils, cette morale sublime
qui prend l'homme au berceau, le suit
dans la vie et ne le quitte même pas à la
mort, qui lui enseigne l'honnêteté, la
droiture, le travail, l'abnégation, la charité, l'oubli des injures. Cette sainte morale
— œuvre d'un Dieu — est, comme nous
venons de le dire, le plus redoutable des
engins de guerre que la République voit
se dresser contre elle ; elle en a si peur,
elle en est si effrayée, que le pouvoir
exécutif et le Parlement, la moitié du
temps, sont occupés à faire des décrets et
des lois contre le clergé, les moines et les
religieuses ; ces dernières, qui rendent tant
de services au chevet des malades dans
les hôpitaux, sont, à chaque instant,
expulsées de leur poste de haute charité,
d'abnégation et de dévouement. On traque
de tous côtés ces pauvres ecclésiastiques,
on leur crée mille difficultés pour les em-
pêcher d'enseigner la doctrine chrétienne.

La République va faire plus ; après avoir
créé beaucoup d'emplois nouveaux, casé
un nombre considérable de gens véreux,

tarés et paresseux, rebuts de la société, elle va supprimer le traitement des desservants, de ces pauvres curés de campagne auxquels la Révolution de 1789 avait pris leurs biens, mais promis un salaire qui était considéré comme remplaçant le revenu de ces biens. Ainsi, voilà des hommes auxquels il est légitimement dû une juste indemnité, des hommes qui sont, à chaque heure du jour et de la nuit, à la disposition de tous les habitants d'une commune, du plus pauvre comme du plus riche, qu'on peut faire lever par tous les temps, pendant la nuit la plus froide comme la plus chaude, parcourir les plus mauvais chemins pour aller préparer un malade à la mort et consoler une famille en larmes ; à ces hommes de mansuétude et de haut dévouement vous allez refuser un salaire de *deux francs quarante-six centimes par jour*, lequel salaire doit suffire au pauvre prêtre pour se nourrir, payer et nourrir sa domestique, se vêtir, se chauffer et faire la charité, lorsque vous, députés-législateurs, vous ne craignez pas de vous allouer vous-mêmes une indemnité de vingt-cinq francs par jour et de forcer les compagnies de chemins de fer à vous laisser voyager gratis en vagon de première classe.

Avant de voter la suppression du traitement des ecclésiastiques, allez donc apprendre leur morale, vous qui faites graver avec tant d'emphase sur les monuments publics ces mots menteurs de : *liberté, égalité, fraternité*. Ils vous diront que c'est cette morale qui a toujours demandé la liberté, l'égalité, la fraternité, que c'est elle qui a fait la civilisation de l'Europe, qui vous a sortis de la barbarie et de l'esclavage, si apprécié dans les sociétés qui ont précédé l'avénement du christianisme. C'est par la science du clergé et le travail des moines que sont parvenues jusqu'à vous les richesses littéraires de l'antiquité. Ces hommes que vous voulez chasser de leurs églises et mettre hors la loi ont toujours dit à vos femmes de fuir l'adultère, d'être de bonnes mères de famille ; à vos filles de rester chastes, vertueuses, et à vos fils d'être honnêtes, laborieux et par-dessus tout d'aimer leurs parents et leur patrie. Et croyez bien que si la morale chrétienne

qu'enseignent les prêtres était mise en
pratique, il y aurait beaucoup plus d'heureux sur le sol français qu'il y en aura
après votre enseignement purement laïque.

Vous réduirez les prêtres à demander
leur pain, à mendier, mais vous n'aurez
pas complètement supprimé le christianisme; il est plus fort que vous. En 1793,
on a fermé les églises, exilé, noyé et guil-
lotiné les prêtres; on avait cru en débarrasser le pays; mais plus tard ils ont été
rappelés par ceux-mêmes qui les avaient
chassés. Ils sont rentrés en France, à la
grande satisfaction des populations, rapportant dans les lambeaux de leur soutane
usée le germe de très-nombreuses vocations. Il en sera encore de même si vous
les chassez de nouveau. La persécution
que vous vous préparez à exercer contre
eux les grandira encore et accroîtra
l'amour et l'affection qu'auront toujours
pour eux les chrétiens qui aiment la
France beaucoup plus que vous ne l'aimez,
et vous savez que ceux-là sont encore
bien nombreux !

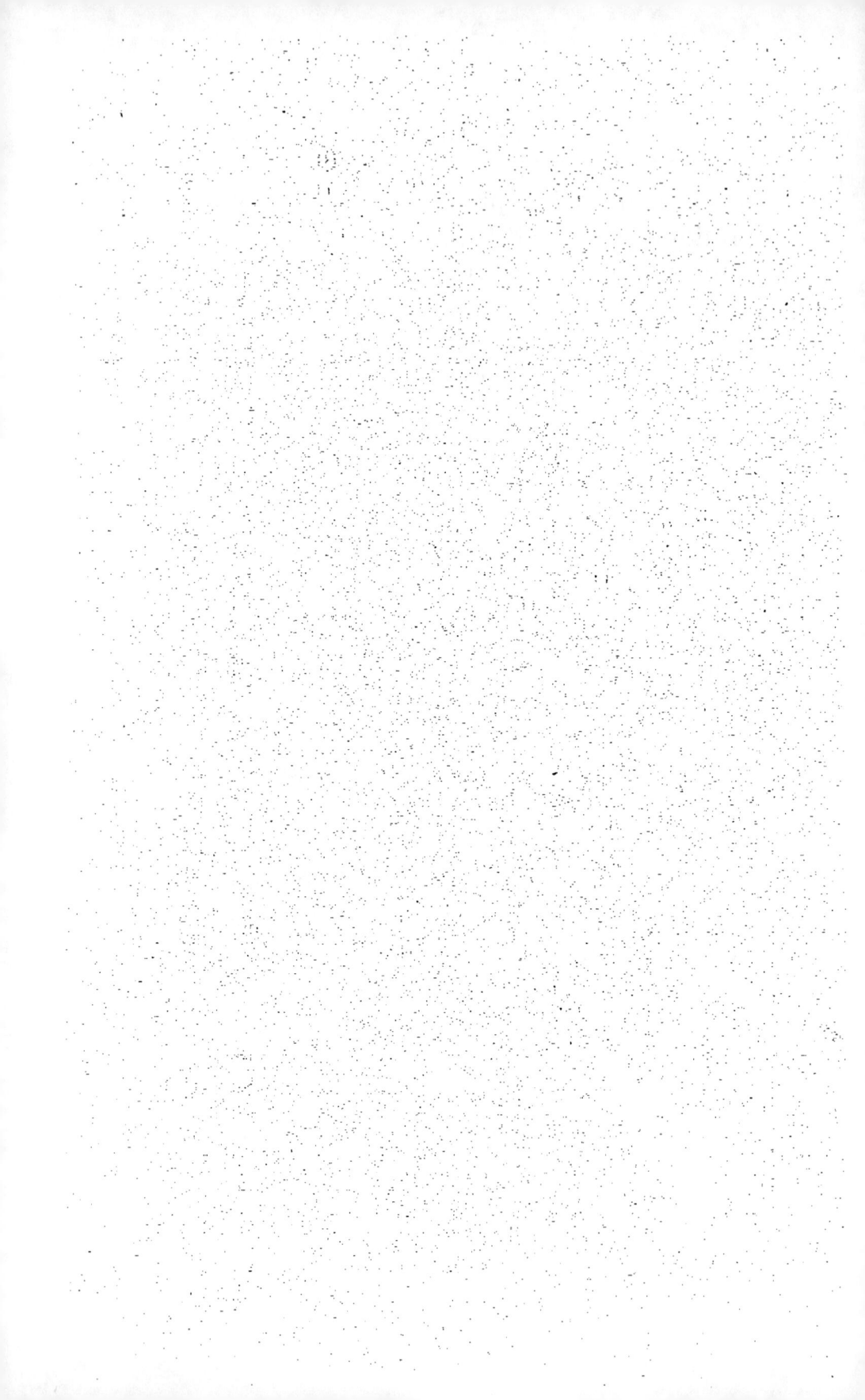

XVII

LA MAGISTRATURE.

Mettez de l'équité dans vos jugements. Cette même justice que vous
ferez aux autres, ils vous la rendront.

(M⁰⁰ DE LAMBERT.)

Dans un grand pays comme la France,
où les transactions agricoles, commerciales
et industrielles, sont fréquentes, il y a
toujours entre les divers contractants des
sujets de contestation qui ne peuvent
trouver une solution amiable; il faut forcément recourir aux juges composant les
tribunaux pour terminer le procès.

Les juges chargés de prononcer des

jugements qui ont force de loi devraient
être des hommes honnêtes, instruits,
graves et sans passions; en un mot, des
hommes justes. De tels hommes sont assez
rares; mais quelle qu'en soit l'utilité, le
gouvernement républicain ne se préoccupe
pas beaucoup de les rechercher, il les
prend un peu partout, mais surtout parmi
les nombreux postulants qui encombrent
ses antichambres et qu'il faut à tout prix
caser quel que soit le peu d'habitude qu'ils
ont des affaires litigieuses et de la pratique
de la jurisprudence.

Tant que les conservateurs ont été au
pouvoir la magistrature a été assez conve-
nable; pour l'avoir telle on faisait suivre
aux candidats une filière qui allait du juge
de paix et du juge-suppléant au président
de la Cour de cassation. La distance et les
degrés qu'il fallait franchir pour passer de
l'une à l'autre de ces fonctions prouvent que
le magistrat, pour parvenir, était obligé de
travailler beaucoup et de se distinguer par
de véritables capacités. Les magistrats de
ce temps-là se donnaient de la peine, et ils
arrivaient lentement à l'inamovibilité, c'est-
à-dire au siége d'où l'on ne devait plus les

faire sortir jusqu'à leur retraite définitive :
c'était le couronnement d'une longue et
laborieuse carrière.

En quelques jours une magistrature nouvelle a remplacé l'ancienne. Les justiciables s'en trouveront-ils mieux? Nous ne le
pensons pas, par la raison toute simple
qu'un magistrat doit être tout ce qu'il y a
de plus intègre et ne doit jamais se laisser
influencer par aucune autorité, et les juges
nouveaux n'ont été nommés que parce
qu'on attend d'eux des docilités et des
complaisances.

La magistrature assise, celle qui juge,
devrait être, depuis l'humble juge de paix
jusqu'à l'éminent président de la Cour de
cassation, complètement inamovible; ce
serait le seul moyen de la rendre indépendante; et si elle n'est pas indépendante il
y aura toujours, quoi qu'on fasse, des
injustices. On trouvera des juges qui, pour
obtenir de l'avancement, seront prêts à se
soumettre à des ordres partis de haut.
Donc sans l'inamovibilité point de garanties.

Mais pour donner l'inamovibilité à des
fonctions aussi importantes il faut bien

choisir les titulaires de ces fonctions; il ne faut prendre ces hommes que dans l'élite, de la société considérée au point de vue de l'honnêteté et de la droiture.

Les juges de paix devraient être pris dans le canton même où ils doivent exercer leurs fonctions, parmi les hommes les plus estimés dans le pays, connaissant les populations du canton et leurs habitudes. Un juge de paix à poste fixe sans idée d'avancement resterait là jusqu'à un âge avancé ; il deviendrait le véritable arbitre du canton, le refuge des gens embarrassés; il rendrait beaucoup plus de services qu'un intrus venant de loin et qui n'est préoccupé que des moyens d'arriver à des fonctions plus élevées.

Les juges des tribunaux et les conseillers de cours d'appel seraient pris de même dans le pays où ils devraient siéger, et choisis parmi les anciens avocats, les anciens avoués et les anciens notaires jouissant d'une grande et légitime considération. Ces positions leur seraient données comme la récompense d'une vie sans reproche.

Pour que la justice soit rendue à chacun,

sans récriminations contre les juges, il faut donc que les hommes qui la rendront soient sincèrement honnêtes. Ils ne sont pas abondants, les hommes honnêtes; mais, grâce à Dieu, on peut encore en trouver assez dans un canton et dans un chef-lieu d'arrondissement pour avoir un juge de paix et quelques juges destinés à former un aréopage auquel les justiciables pourraient soumettre leurs litiges en toute confiance.

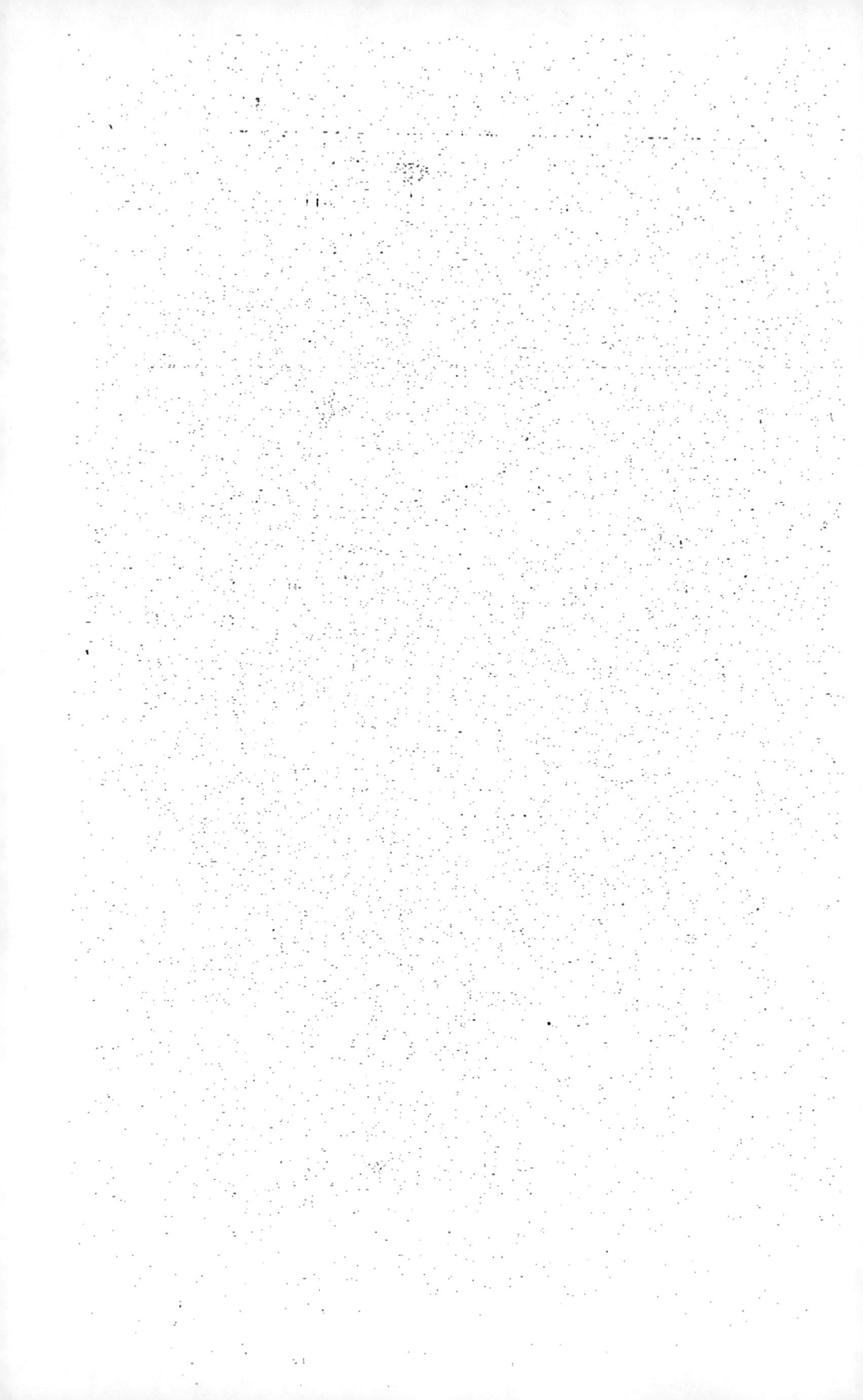

XVIII

L'ARMÉE.

> Les grands capitaines de l'antiquite estimaient qu'il ne fallait pas faire la guerre avec une armée de plus de cinquante ou soixante mille hommes ; ils jugeaient qu'une armée plus nombreuse était nécessairement lourde, peu maniable, difficile à nourrir, incapable de se mouvoir avec la rapidité qui, à la guerre, est la première condition du succès.
>
> (H. DE KÉROHANT.)

La République, qui aime les changements et qui veut tout réformer, a mis la main sur l'armée et l'a déjà profondément modifiée. Le niveau égalitaire a passé dessus, et maintenant tous les hommes de vingt à quarante ans sont soldats. Est-ce une bonne chose que de pouvoir mettre, à un

jour donné, en ligne de bataille plus d'un
million d'hommes ? Nous ne sommes pas
à même de répondre à la question ; mais
si nous consultons l'histoire, nous voyons
qu'à aucune époque dans l'antiquité, chez
les Grecs et les Romains, et plus près de
nous, au dix-septième et au dix-huitième
siècle, aussi bien que sous le premier
Empire, jamais les armées en présence
les unes des autres n'ont été aussi considérables qu'elles le seront à l'avenir. Et
pourtant dans l'antiquité, où l'artillerie
n'était pas connue, et dans les temps mo-
dernes, où elle n'était pas aussi perfec-
tionnée qu'en ce moment, il aurait fallu
remplacer les engins de guerre, qui man-
quaient presque tout à fait, par des hommes. On ne l'a pas fait, parce que l'on
savait très-bien qu'un généralissime quelconque, malgré toutes ses connaissances
dans l'art militaire, malgré sa bonne
volonté et son courage, n'aurait jamais pu
faire mouvoir à l'avantage de son pays plus
d'un million de soldats. Ce n'est pas une
petite affaire que de diriger, commander
et approvisionner de vivres et de muni-
tions autant d'hommes que ceux que l'on

veut jeter sur les routes, si jamais nous avons le malheur d'avoir la guerre. Ce sera alors un véritable désordre, un véritable encombrement, d'où une armée ne pourra sortir sans les plus graves difficultés.

Pour les armées, comme pour toutes les autres institutions, ce n'est pas tant la quantité que la qualité qu'il faut rechercher. Les armées restreintes, bien disciplinées, bien équipées et bien nourries, et surtout animées de l'amour de la patrie et croyant en Dieu et à l'immortalité de l'âme, vaudront toujours mieux pour faire la guerre que ces grandes agglomérations d'hommes préparées au moral par la libre-pensée, raisonnant sur la politique, et pensant bien plus au bien-être du foyer, qu'ils laissent derrière eux, qu'à l'honneur de la nation.

Tous les hommes de vingt à quarante ans sont soldats; mais notez bien qu'ils peuvent, d'après le Code civil, se marier depuis l'âge de dix-huit ans révolus et devenir pères de famille. C'est à ces jeunes gens, et le nombre en est grand, qui abandonneront une femme et des enfants,

que l'on demandera d'aller bravement,
courageusement se faire tuer au service
du pays. Il ne faut guère connaitre la
nature humaine pour ignorer qu'un soldat
ne quittera jamais sans regrets, pour aller
à la guerre, ceux qui lui tiennent par les
liens du sang. Pour partir sans regrets il
faut que le soldat soit libre autant que
possible et ne se sente pas sous l'influence
d'un sentiment quelconque; et cependant
quels sentiments on l'obligera à combattre
lorsqu'il verra sa femme et ses jeunes
enfants en larmes se jeter à ses genoux
pour le prier de ne pas s'exposer à être
tué et de revenir le plus vite possible les
retrouver? Après cette scène d'attendris-
sement partira-t-il avec gaieté et la joie
dans le cœur? Non, il partira de force
pour obéir à loi qui est dure, mais qui est
la loi.

L'armée de la troisième République est
très-nombreuse; ainsi l'ont voulu les
législateurs, qui pensent satisfaire la haine
des pauvres contre les riches, contre les
riches qui, avec de l'argent, pouvaient
autrefois se faire remplacer ou exonérer,
et qu'ils forcent aujourd'hui à être soldats.

Mais les législateurs oublient que lorsqu'il n'y avait qu'une partie de la jeunesse qui allait sous les drapeaux pendant sept ans, parce qu'elle tirait les mauvais numéros, l'autre partie, celle qui tirait les bons numéros, restait dans ses foyers, et les pauvres comme les riches profitaient de la chance accordée par le sort. On voit donc que pour frapper quelques riches seulement la loi frappe encore bien plus de pauvres, puisque ces derniers sont toujours les plus nombreux. On a visé les riches et l'on a atteint les pauvres, cela est certain.

Le mal ne serait pas encore trop grand si cette nombreuse armée était bonne, solide et vaillante. Hélas! nous ne savons pas s'il en est ainsi. A l'exception des officiers, qui sortent en grande partie du grand monde et de la bourgeoisie, où généralement l'on est brave et où l'on aime la patrie, les soldats, presque tous, sortent des rangs du peuple qui, en temps ordinaire, pense bien peu à l'honneur du pays. Le peuple d'ailleurs serait bon, courageux et brave tout autant que les autres classes de la société, si on ne lui avait pas autant

prêché la haine contre ceux qui possèdent,
qu'on lui montre toujours comme étant
ses ennemis et cherchant à l'exploiter.
Une guerre arrive-t-elle, on envoie ces pauvres soldats à la mort, et il y a bien longtemps qu'on leur a dit sur tous les tons
que tout est fini pour eux et qu'au-delà de
cette vie c'est le néant. Puis, avec ces théories insensées on pense obtenir de ces
hommes un dévouement absolu pour le
salut de la patrie. Cela est impossible. Pour
qu'une armée ait du courage, qu'elle
veuille bien mourir sur les champs de
bataille, il faut que les soldats qui la composent espèrent retrouver dans un autre
monde ceux qu'ils ont quittés avec tant de
regrets. Jamais sans cet espoir on n'aura
de vrais soldats; on aura leur ombre dans
la personne de beaucoup d'entre eux qui,
au moment d'attaquer l'ennemi ou de se
défendre, jetteront bas les armes, fuiront
à toutes jambes en criant : « Nous sommes
trahis » et ne demanderont qu'une chose :
ce sera de rentrer chez eux pour y attendre
le bien-être qu'on leur promet depuis que
les théories que nous connaissons ont été
mise en circulation.

Pour avoir de bons soldats il faudrait des hommes croyants et religieux, qui resteraient, comme le veut la loi du 27 juillet 1872, au moins cinq ans au régiment; mais il paraît qu'il n'en sera plus ainsi, puisque la loi en discussion au moment où nous écrivons ces lignes n'exige plus que trois ans de service, et ces trois ans, dans la pratique, se réduiront à deux ans tout au plus. Après deux ans de service on rentrera chez soi; ce sera la fin de notre armée. Il y aura toujours beaucoup d'hommes disponibles que l'on pourra appeler sous les drapaux et dont une grande partie seront mariés au moment de leur nouvelle incorporation; s'il doit y avoir des batailles à affronter, vous pensez bien qu'aussi peu aguerris qu'ils seront ces pauvres soldats partiront la mort dans l'âme, oubliant qu'ils sont légitimement soumis au service militaire de vingt à quarante ans.

Les radicaux qui, dans un but purement politique, poussent la France dans l'abime, savent bien que le service militaire n'est plus pour le peuple, depuis qu'ils l'ont tant troublé par leurs menées égalitaires,

qu'une corvée et non la preuve d'un véritable patriotisme. A vingt ans on a déjà
beaucoup vécu et connu les douceurs que
donne une liberté trop facilement accordée
par des parents faibles et trop indulgents.
Ces jeunes gens, presque blasés, n'ont plus
le courage et le dévouement nécessaires
pour faire de solides et vaillants défenseurs
du sol. On ne nous fera donc jamais croire
qu'on peut dormir en paix sous la garde
d'une pareille milice. Voulez-vous que
nous disions toute notre pensée? eh bien!
en France le bien-être a tout amolli; nous
ne sommes plus, tous tant que nous
sommes, que des jouisseurs, et pas autre
chose.

Que l'on mette en ligne de bataille nos
millions d'hommes — nous ne disons pas
nos millions de soldats; — ils seront peut-
être victorieux; mais si cela arrive, croyez
bien et soyez assurés que Dieu aura été
avec eux et les aura beaucoup aidés.

La jeunesse française a bien quelque
valeur, quelque patriotisme, elle a bien le
désir de voir la France prospère et forte et
au premier rang, mais elle voudrait ne pas
avoir à la défendre; elle voudrait que, sans

peine et sans effort de sa part, la France eût tous les avantages : il est si doux de jouir de la vie, d'être heureux et d'avoir l'honneur sans être obligé de faire quoi que ce soit! Ah! comme nous ressemblons aux habitants de Sybaris!

Nous savons bien que les idées que nous venons d'émettre sur les grandes armées ne semblent guère d'accord avec l'opinion générale en Europe; car depuis de longues années on augmente partout, de plus en plus, le nombre des soldats, et chaque pays, pour ne pas rester inférieur aux autres pays, n'est absolument préoccupé que de préparatifs de guerre; et ce sont ces énormes préparatifs qui absorbent la plus grande partie des revenus des divers Etats.

Ce qui s'est passé en France en 1870, même avant tout échec, nous fait craindre beaucoup, nous le répétons, que les mouvements et la direction de notre formidable armée et surtout son ravitaillement, en cas de guerre, laissent à désirer.

Quoi qu'il en soit, nous comptons, comme nous l'avons dit plus haut, sur l'aide de Dieu qui, dans les temps passés,

n'a pas toujours abandonné la France, et
la protection qu'il se plait parfois à
donner aux nations dans les situations
périlleuses vaut bien des canons et bien
des fusils.

XIX

L'IMPOT.

Depuis l'arrivée des républicains au pouvoir, les dépenses de l'Etat, des départements et des communes, c'est-à-dire les charges des contribuables, se sont accrues de près de huit cents millions de francs.

(H. DE KÉROHANT.)

Non-seulement nos charges ne se sont point diminuées, mais elles sont accrues par trois milliards d'emprunts contractés en moins de six ans, et par cinq cents millions de dépenses nouvelles inscrites annuellement au budget ordinaire.

(DUC DE BROGLIE.)

Dans une nation régulièrement organisée, c'est-à-dire ayant à sa tête un gouvernement monarchique ou républicain, il faut des impôts pour procurer l'argent nécessaire aux besoins des divers services administratifs quels qu'ils soient, et ces besoins sont toujours fort nombreux. L'impôt est donc parfaitement légitime.

De ce que l'impôt est légitime, cela ne

veut pas dire que l'on peut taxer les populations à tort et à travers et les faire payer
des contributions injustes.

Les contribuables se récrient beaucoup
contre les impôts, qu'ils trouvent trop
lourds et qu'ils espèrent voir diminuer,
parce qu'on leur promet à chaque élection
législative des dégrèvements qui n'arrivent
jamais. Sous la monarchie les républicains
font un très-grand tapage à ce sujet, mais
aussitôt qu'ils se sont emparés du pouvoir
les taxes pleuvent de tous côtés. Cela est
facile à comprendre : Quand on renverse
une monarchie et qu'elle est remplacée
par une république, l'armée des désœu-
vrés, des intrigants et des faméliques, veut
vivre aux dépens de l'Etat; il faut alors
caser tous ces importuns qui ne laissent
pas une minute de répit au Gouvernement;
le nombre en est si grand que, pour les
placer, les positions existantes ne suffisent
pas; il faut en créer de nouvelles et même
créer de véritables sinécures; de là un
surcroît considérable de dépenses qui
oblige le Gouvernement à demander, à
chaque instant, au pays de nouveaux sub-
sides. Ainsi, sous notre République française, lorsque les conservateurs ont quitté

le pouvoir en 1876, les traitements civils
étaient de 280 millions, et le budget de
1885 demandait pour ces mêmes traitements 373 millions ; c'est donc une aug-
mentation de 93 millions en neuf ans, soit
une moyenne de plus de 10 millions par
an. Si un gouvernement monarchique
avait été aussi vite en besogne, les républicains n'auraient pu trouver assez d'ex-
pressions malsonnantes pour l'injurier.

Nous connaissons depuis longtemps la
manière de procéder des républicains ;
quand ils sont dans l'opposition tout va
mal, mais aussitôt qu'ils sont au pouvoir
ils font beaucoup plus mal que faisaient
leurs devanciers, et tout ce qu'ils leur
reprochaient est mis par eux en pratique
et de beaucoup dépassé. A-t-on crié,
tonné, tempêté contre les candidats officiels de Napoléon III, et nous voyons,
depuis cette époque, à chaque élection
que les républicains usent largement du
même procédé en l'exagérant souvent.

Le gaspillage de l'argent sous le gouvernement républicain a été tel que l'ère des
économies est à jamais fermée. Il faudra
désormais pourvoir au payement de nombreux intérêts résultant des emprunts que

l'on renouvelle fréquemment. Il faudra
donc de l'argent de plus en plus pour ali-
menter tous les canaux par lesquels nous
le voyons s'écouler. Quoi que l'on fasse et
quoi que l'on dise, les impôts iront toujours, et sous toutes les formes, en aug-
mentant.

Propriétaires, industriels, commerçants
et ouvriers, ouvrez votre bourse, tenez-
vous prêts, le fisc vous attend; il guette
sa proie, vous ne pouvez lui échapper.
Les députés ont voté l'impôt qui vous
ruine, mais c'est vous qui avez choisi ces
députés, c'est vous qui les avez nommés.

Les impôts, en France, ne pourront
jamais diminuer si le suffrage universel tel
qu'il fonctionne aujourd'hui n'est pas modifié et s'il n'est pas remplacé par le suffrage restreint, car moins les électeurs
seront nombreux plus le choix des députés
sera facile. On pourrait alors envoyer au
Parlement des hommes instruits, honnêtes
et animés du sincère désir de refaire les
finances de notre pays, qui va directement,
tout le monde le voit, si le gaspillage
actuel continue, à la plus effroyable des
banqueroutes.

XX

LE LIBRE-ÉCHANGE.

La fortune publique succombe sous le poids de ces conditions onéreuses, qui livrent sans défense, dans une lutte inégale, le travail national à la concurrence étrangère.

(Duc de Broglie.)

Tout indique que, pour notre industrie nationale, l'heure est venue de la lutte sans merci, de la lutte pour la vie. C'est dire que la France doit se rendre compte du péril et se préparer à prendre des résolutions viriles, si elle veut garder la place qui lui appartient dans le monde.

(H. de Kérohant.)

Avant le libre-échange, les produits étrangers qui entraient en France payaient des droits assez élevés, et les douanes rapportaient un revenu considérable. L'Empire de Napoléon III ayant fait des traités qui permettent d'introduire dans notre pays tout ce que les autres pays veulent bien y introduire sans payer de droits, et s'ils en payent ils sont, dit-on, dérisoires, il en résulte que de côté les revenus sont de peu d'importance.

Si le libre-échange n'avait causé au pays que la diminution des revenus de l'Etat, on pourrait peut-être s'en consoler; mais il est en train de causer sa ruine complète et de rendre notre situation économique à peu près irrémédiable.

L'Empire, pour se faire des alliances avec les nations étrangères et en même temps pour favoriser ses électeurs les plus chers et les plus nombreux, ceux qui lui étaient dévoués parmi les classes laborieuses, disait à peu près ceci : « Il y a plus de consommateurs que de producteurs, il y a plus de pauvres que de riches; essayons d'obtenir par la concurrence étrangère les produits à bon marché, tous nos électeurs seront à même de se les procurer; ils vivront dans l'aisance et ils nous resteront fidèles. » La République, qui a remplacé l'Empire, a tenu exactement le même langage.

Le libre-échange, une fois mis à exécution, a ruiné de nombreuses industries qui n'ont pu continuer à fabriquer. Celles

qui restaient en faisant de grands efforts
et en modifiant leur outillage ont pu lutter
assez péniblement. Mais pendant ce temps-
là la concurrence étrangère n'est pas restée
inactive ; trouvant un placement facile
et avantageux de ses nombreux produits,
elle a aussi changé son outillage et ses
procédés de fabrication, et avec le bas
prix des salaires elle est arrivée à pouvoir
inonder notre territoire de ses marchan-
dises qui se vendent à bien meilleur marché que les nôtres. Cette concurrence a
mis, pour les trois quarts au moins, nos
industries dans l'impossibilité de marcher ;
on ferme les usines, les ouvriers sont sur
le pavé et commencent à ressentir dure-
ment les étreintes de la misère. Cela devait
forcément arriver, et arrivera toujours
dans l'avenir toutes les fois que l'on aura
la stupidité de vouloir favoriser une classe
au détriment de l'autre et de ne pas croire
fermement que les producteurs et les
consommateurs sont solidaires les uns
des autres.

Pour avoir les denrées, même à bon marché, il faut les payer ; pour les payer, il
faut de l'argent, et pour avoir de l'argent

il faut le gagner. Si les ouvriers restent en France et que les industries françaises succombent, écrasées par la production étrangère, on ne pourra plus les faire travailler; ils chômeront, et en chômant ils ne pourront aller recevoir une paye quelconque tous les quinze jours ou tous les mois. Ils ne pourront pas profiter, puisqu'ils seront sans le sou, de ce bon marché qu'on leur a tant vanté.

. Ce n'est pas en faisant disparaître le travail national que l'on aura amélioré la situation des ouvriers. Comme nous venons de le dire, pour pouvoir acheter des choses à bon marché il faut gagner de l'argent; les objets de consommation ont beau être à bas prix, si la bourse est vide il faut passer à côté et y renoncer. Aujourd'hui, dans le pays que nous habitons, le pain de 5 kilos vaut 1 fr. 50, soit 30 centimes le kilo; il y a des ménages où il en faut un tous les jours, et le chef de la famille ne travaille pas. Supposons que ce même pain de 5 kilos vaille 2 fr. 50, soit 50 centimes le kilo, et que le père de famille, au lieu de ne rien faire, soit tous les jours occupé et gagne 3 fr., il aura encore après

son pain payé 50 centimes de reste,
tandis qu'en lui donnant le pain moitié
moins cher, s'il est sans occupation il ne
peut payer et s'endette quotidiennement.
Il en est de même non-seulement pour le
pain, mais pour tous les objets de première
nécessité; vous ne pouvez les acheter que
si vous gagnez quelque chose. C'est du
travail, et beaucoup de travail, qu'il faut
dans notre France, qui a tant de ressources
et qui pourrait les utiliser et en profiter si
elle ne s'était pas mise dans les mains et
à la discrétion des rêveurs, des songe-
creux et de tous les dévoyés qui l'exploitent pour eux seuls.

Rétablissons des droits réellement pro-
tecteurs, nous verrons aussitôt les diverses
branches du travail national se relever et
les ouvriers sortir de cet état précaire et
misérable qui est si bien connu des conservateurs, de ces conservateurs que ces
mêmes ouvriers détestent tant, repoussent
toujours et chassent de toutes les fonctions, pour mettre sur le pinacle les charlatans qui les trompent et sont une des
causes de tous leurs déboires.

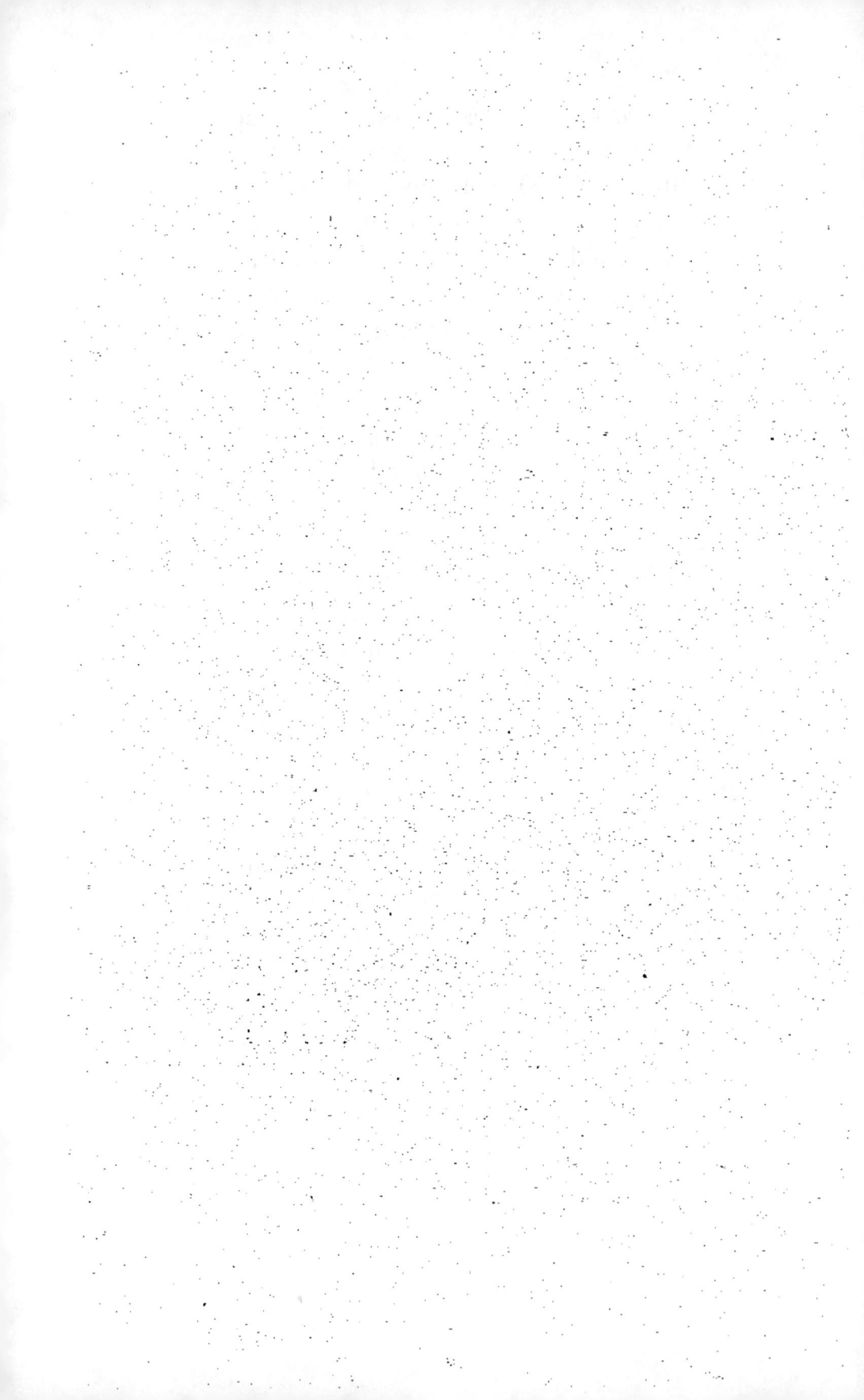

XXI

L'AGRICULTURE.

> L'économie doit être comptée au
> nombre des conditions les plus indis-
> pensables de la bonne administration
> de toute entreprise industrielle, et elle
> est peut-être encore plus nécessaire
> dans l'agriculture que dans toute autre
> branche de spéculation.
>
> (Mathieu DE DOMBASLE.)

L'agriculture en France est certainement une des branches les plus importantes du travail national. Par ses multiples produits elle pourvoit, à peu près seule,
à l'alimentation de la population. Elle
occupe au moins les deux tiers des ouvriers qui existent sur notre territoire.
Partout, dans les vallées, sur les coteaux
et même sur les montagnes, on voit travailler l'agriculteur. Il n'y a pas un coin

du pays qui ne soit fouillé et remué par la
pioche et la charrue. Ses produits sont
considérables : au Midi comme au Nord, à
l'Est comme à l'Ouest, on ne voit que denrées agricoles ou denrées dérivant de
l'agriculture.

Malgré cette activité, malgré ce mouvement, les cultivateurs et les fermiers se
plaignent, et les ouvriers ruraux sont dans
la plus grande gêne. Il y a une crise profonde qui frappe l'agriculture. Elle date
déjà de loin. D'où vient-elle ? On ne le sait
pas au juste; mais beaucoup de personnes
trouvent son origine dans le libre-échange,
dans la concurrence étrangère. On ne
peut nier que la concurrence étrangère a
porté un grand coup à notre agriculture
qu'elle a blessée mortellement. Mais le
malaise général dans lequel nous la voyons
se débattre ne vient pas entièrement du
libre-échange; il y a d'autres causes que
nous pouvons trouver si nous voulons
remonter quelque peu en arrière.

Avant l'avénement du second Empire
les gouvernements qui l'avaient précédé
s'étaient peu occupés de l'agriculture.
Napoléon III, l'enfant gâté des habitants

des campagnes, voulut favoriser les agriculteurs en faisant pour eux beaucoup
plus que n'avaient fait les gouvernements
déchus. Il institua, en même temps, les
concours régionaux d'animaux reproduc-
teurs, les concours généraux d'animaux
gras et les primes d'honneur pour les
fermes les mieux tenues et les mieux cultivées. Ces grandes et nombreuses exhibi-
tions des richesses agricoles françaises
plurent beaucoup aux agriculteurs qui,
pour rivaliser les uns avec les autres,
améliorèrent très-rapidement leurs races
de bestiaux et leurs cultures, et en quelques années les prix des animaux et des
produits agricoles devinrent fort élevés.
L'agriculture fut donc brillante, tant par les
produits directs du sol que par la trans-
formation des races bovines, chevalines,
ovines et porcines. On payait des repro-
ducteurs à des prix qui ne s'étaient jamais
vus. L'argent remplissait les caisses des
fermiers, puis on décorait bon nombre
d'entre eux. L'agriculture fut alors à son
apogée. Les fermiers devinrent vaniteux,
fiers; ils voulurent jouir largement du bien-
être que leur offraient de trop faciles af-

faires; il leur fallut de beaux logements; les
propriétaires durent faire de grands frais
pour les maisons de fermiers; les femmes
se laissèrent entraîner à l'élégance et à la
coquetterie, tant pour elles que pour leurs
enfants. Et ces gens qui, quelques années
auparavant, étaient simples et modestes,
voulurent les lycées pour leurs fils et les
grands pensionnats pour leurs filles, qui
apprirent la musique et le dessin : arts bien
inutiles pour de véritables fermières. On
préparait ainsi, sans s'en douter, le dégoût
pour les choses agricoles et on développait
le goût des frivolités, des dépenses et des
habitudes de paresse. Si cette prospérité si
bien commencée eût continué, la vie des
agriculteurs eût été une longue fête. Mais
les traités de commerce de 1860 et les prix
de la main-d'œuvre, qui ont augmenté
rapidement à la suite de l'émigration de
beaucoup d'ouvriers ruraux vers les villes,
ont changé la face des choses à un tel
point que dans toute la France on n'entend
plus maintenant que ces cris : L'agriculture se ruine, l'agriculture est ruinée.

Il est impossible, en effet, de lutter en
France contre tout ce que l'Amérique, les

Indes et la Russie font débarquer, chaque jour, de grains dans nos ports de commerce. Notre agriculture est donc littéralement écrasée par cette énorme concurrence, et de plus elle est encore écrasée par ses habitudes de dépenses, dont elle ne peut plus se débarrasser : on aime beaucoup se grandir et se hausser, mais l'on aime peu se diminuer et s'abaisser.

De toutes les industries l'agriculture est celle qui semble le plus à la portée de tout le monde, et c'est peut-être la plus difficile à exercer avec avantage. Pour être agriculteur il faut quelque instruction ; de plus, il faut être observateur au suprême degré, actif, rangé, soigneux et surtout très-économe.

Ce qui est pour les agriculteurs un objet de gêne, c'est que l'on ne peut créer en un jour les produits agricoles et les animaux domestiques, et que l'argent avancé est fort long à rentrer ; il faut longtemps attendre avant de livrer au commerce des choses sur lesquelles les épidémies, la pluie, la grêle, l'inondation et la sécheresse ont la plus grande force de destruction.

Il faut bien avouer que la protection, si elle était rétablie, ne pourrait sauver complètement l'agriculture. Les produits agricoles étrangers ont besoin d'être écoulés; et, bon gré mal gré, les nations que nous redoutons continueront à nous faire une grande concurrence, à cause du bas prix de revient de toutes leurs denrées. D'un autre côté, la cherté de la main-d'œuvre; l'indocilité de plus en plus grande des domestiques et la marche des événements politiques, qui ne promettent jamais rien de stable sous la République, ne viendront guère au secours de l'agriculture.

Nous ne voyons donc pour cette malheureuse d'autres moyens de lui venir en aide que ceux de modifier autant que possible ses cultures en essayant d'obtenir de plus grandes récoltes, de créer des races précoces d'animaux qui permettront de vendre plus tôt et plus souvent, et par-dessus tout de revenir à la simplicité d'autrefois et d'éviter le luxe et les dépenses inutiles qui sont le ver rongeur de la fortune de tous ces hommes honnêtes que nous appelons les fermiers.

XXII

L'ÉDUCATION DANS LES CAMPAGNES

> L'éducation seule pourrait conduire les hommes au bonheur.
>
> Les grands résultats qu'il faudrait obtenir de l'éducation seraient de modérer ses désirs et de trouver toujours quelques dédommagements des peines de la vie. Au contraire, en excitant notre émulation, en nous inspirant l'ardeur d'accroître notre fortune, d'éclipser nos rivaux, on s'étudie, pour ainsi dire, à nous rendre mécontents de notre sort ; et, comme si l'on craignait que nous ne fussions assez tôt pervertis par la contagion de l'exemple, on fait entrer de force dans notre âme l'ambition et la cupidité.
>
> (Droz.)

Dans nos campagnes on construit de nombreuses maisons d'école ; chaque commune de France veut avoir son palais scolaire. On dépense beaucoup d'argent pour l'instruction des enfants du peuple que l'on force maintenant à aller à l'école

de six à treize ans ; ils sauront tous, sans
exception, lire, écrire et compter ; ce sera
pour le mieux. Mais on ne semble pas
mettre autant d'empressement ni de pré-
occupation pour leur donner de l'éducation, car actuellement les enfants ne doivent plus apprendre quoi que ce soit en
fait de religion : les idées sur Dieu et sa
providence sont à peu près écartées des
programmes de l'enseignement primaire.
On a même été jusqu'à biffer le nom de
Dieu des livres où il se trouve trop souvent
répété.

Le pauvre, qui a de nombreux besoins
et peu de moyens pour les satisfaire,
ignorera donc toujours que pour les nombreuses peines qui le suivent à chaque
pas qu'il fait dans la vie, il pourrait
demander à Dieu aide et protection.
Lorsque sa femme et ses enfants seront
malades, il ne pourra plus s'agenouiller
devant un crucifix et demander la gué-
rison de ces êtres qui lui sont si chers ; à
quoi bon, d'ailleurs, une prière, puisqu'on
lui a enseigné que Dieu n'existe pas ?

On donnera bien aux pauvres des
appétits et des désirs ; on leur dira bien
qu'il n'y a que des injustices dans notre

société telle qu'elle est, mais on ne leur apprendra jamais à supporter avec patience ces prétendues injustices.

La religion seule pourrait éclairer les pauvres, leur faire connaître la vérité sur l'existence de Dieu et les maux qui sont l'apanage de chacun de nous. Hélas! au lieu de cette vérité, qui serait un aliment si sain pour leur âme, on les pousse dans l'erreur en leur prêchant la haine contre les prêtres et la doctrine qu'ils nous enseignent avec tant de dévouement.

Avec moins d'instruction et plus d'éducation, et surtout plus d'éducation chrétienne, on préparerait aux pauvres gens non pas une vie heureuse — elle n'est pas de ce monde — mais une vie aussi paisible qu'il est possible de l'avoir. Ils ne verraient pas aussi souvent l'inconduite de leurs enfants faire leur malheur à eux-mêmes et leur causer un véritable désespoir. Ah! combien de fils sont tombés dans le crime et combien de filles sont tombées dans la boue de la corruption qui auraient pu vivre paisibles dans nos villages, s'ils avaient écouté la voix d'un humble prêtre de campagne et tenu compte de son admirable enseignement.

Les fils, saturés des théories nouvelles,
quittent les champs, se répandent dans
les villes, veulent beaucoup s'y amuser —
les occasions, malheureusement, sont
abondantes; — l'argent fait défaut, il faut
s'en procurer, non par le travail, mais à
l'occasion par le vol et bien souvent par
d'horribles crimes: cela se voit malheureusement tous les jours.

Les filles aiment de plus en plus à
briller; elles ne trouvent plus au village
les moyens de satisfaire leur penchant
pour la toilette; elles aussi s'en vont dans
les villes, et là elles deviennent bien vite
la proie du vice, qui les déshonore et les
livre toutes jeunes à une fin ignoble. Voilà
comment la jeunesse trouve le bonheur
tant désiré. Au lieu d'arriver à ce triste
déclin, si on avait reçu quelques principes d'une simple mais saine éducation,
on aurait probablement vécu tranquille au
hameau. On s'y serait marié et l'on aurait
élevé avec amour et tendresse des enfants
qui vous consolent toujours lorsque vous
êtes assez sage pour aimer la simplicité
pour eux comme pour vous.

Les ouvriers des campagnes sont très-
attachés à la propriété; ils aiment l'argent,

mais ne sont pas toujours honnêtes dans
les transactions ; ils veulent posséder
n'importe comment et n'importe par quels
moyens. C'est pour cela que nous voyons
tant de mauvaise foi chez eux. En général,
les paysans aiment beaucoup leurs enfants,
mais ils aiment bien peu leurs vieux
parents. Poussés par un sentiment de
cupidité, ils ne pensent qu'au moment où
ces vieillards disparaîtront de la scène du
monde pour avoir leur bien, et si ces
malheureux ont l'imprudence d'aban-
donner ces biens de leur vivant, bien
souvent ils ne reçoivent pas même de
ceux qui les ont dépouillés les aliments
les plus indispensables à la vie. Combien
de fois nous avons rencontré de ces
ascendants en larmes et gémissant amè-
rement sur leur triste situation et encore
plus sur la dureté de leurs enfants.

Les ouvriers, qui n'ont aucune notion du
devoir et ne raisonnent généralement que
sous l'empire de l'égoïsme, n'ont pas
d'affection les uns pour les autres ; ils
s'envient et se jalousent, et ne se doutent
pas de la solidarité qui existe entre les
diverses classes de la société et surtout
entre les producteurs et les consomma-

teurs; c'est bien cette ignorance de leur
part qui fait naître les grèves, si funestes
à tout le monde.

Dans les campagnes, au moment des
moissons, par exemple, si les ouvriers
pouvaient, en quelques jours, faire payer
au fermier, pour leurs salaires, autant
d'argent que vaut le blé qu'ils vont mois-
sonner, ils mettraient le malheureux sur
la paille et le ruineraient du coup, et
croyez bien que cela leur semblerait tout
naturel. Mais si, quelques mois après la
moisson, le fermier augmente un peu le
prix de son grain, il faut entendre ces
mêmes ouvriers crier contre lui et parler
de le mettre à mort à la première guerre
civile qui éclaterait.

On le voit, ce n'est pas seulement de
l'instruction qu'il faut aux travailleurs,
mais bien plutôt de l'éducation et l'amour
du devoir. Il faudrait les rendre bons,
doux et moins animés contre leurs semblables, leur faire comprendre que dans
une société civilisée on doit plutôt s'en-
tr'aider que se nuire, et que chacun a
besoin de tous.

XXIII

LES JOURNAUX ET LES ROMANS.

> Le peuple, il faut toujours l'aimer
> et le servir, quels que soient ses
> fautes et ses égarements, car, vous le
> savez bien, ce n'est pas lui qui est
> le coupable, ce sont ceux qui l'ex-
> ploitent, qui le trompent, qui lui pré-
> sentent chaque matin un breuvage
> empoisonné et qui ne veulent pas
> autre chose que faire de lui le marche-
> pied de leur fortune.
>
> (DEPEYRE.)

Depuis trente ans, les journaux se sont
tellement multipliés que les campagnes
les plus cachées en sont inondées. La
politique a pénétré partout. Le paysan et
l'ouvrier les plus arriérés lisent ou se font
lire les journaux. Les théories les plus
insensées sont connues dans les cam-

pagnes, où elles vont trouver les ouvriers
à l'atelier, au foyer, dans les champs et
jusque dans les bois : on admire les
doctrines les plus redoutables et surtout
celles qui disent aux manouvriers : « Bientôt vous ne travaillerez plus, vous vivrez
de la fortune des nobles et des bourgeois;
tout ce qui existe, tout ce qui brille sera
pour vous, et la société, entièrement
bouleversée, fera de vous, les pauvres
d'aujourd'hui, les heureux de demain.
Vous serez les maîtres à votre tour. » Il
ne faut pas longtemps pour que les chefs
du parti anarchiste deviennent les idoles
du peuple en lui promettant un pareil
Eden. On serait dévoué à moins; pensez
donc : ne plus travailler, vivre sans rien
faire, boire et manger sans avoir à se
préoccuper d'où cela vient; mais c'est
l'âge d'or tant souhaité!

Tout cela pour les ouvriers est un beau
rêve; mais c'est un rêve. Et pendant qu'ils
travaillent et attendent, ils continuent à
nommer pour députés et élèvent sur le
pavois ceux-là mêmes qui leur font de
fallacieuses promesses, et ces derniers,
grâce à leurs électeurs, jouissent de l'heu-

reuse et douce existence que les pauvres diables convoitent depuis si longtemps.

Les socialistes savent bien qu'avec leurs journaux ils peuvent mener très-facilement ce troupeau d'hommes qu'on appelle les travailleurs et en faire tout ce qu'ils veulent avec l'appât trompeur d'un état social impossible. Ah! qu'ils sont coupables d'abuser ainsi du pauvre, auquel ils ne peuvent rien donner et qui manque parfois du nécessaire! Puisque vous ne pouvez pas améliorer sa position, ne la lui faites donc pas trouver plus mauvaise qu'elle n'est; laissez-le donc tranquille et ne l'exploitez pas pour vous créer de belles situations et ensuite venir l'éclabousser en passant avec les roues de votre char de triomphe!

Lisez et relisez les journaux ouvriers de nos campagnes, pénétrez-vous de plus en plus de leur substance, et puis dites-nous si elle vous a fortifiés depuis que vous vous en nourrissez.

Les romans pullulent, on n'en a jamais autant écrit que l'on en écrit de nos jours. Il y en a de bons, mais ceux-là on ne les lit pas; ceux qu'on lit, ce sont les mau-

10

vais. Les jeunes femmes, les jeunes gens
et les jeunes filles s'abreuvent quotidiennement à cette coupe empoisonnée qui
les enivre et leur laisse d'immenses désirs
de jouissances et de plaisirs. Après ces
lectures, on voit la vie sous un jour nouveau et tout à fait romanesque, on se
trouve malheureux ; il semble qu'on
pourrait être des personnages et jouer un
rôle quelconque dans la grande comédie
humaine.

Nous plaignons bien sincèrement la
jeunesse de nos jours, qui ne peut plus
se passer de ces lectures malsaines qui
ont été et seront la cause de tant de
malheurs et de tant de crimes, et qui, un
jour, ont fait jeter à un écrivain de la
presse anarchique, parlant de Balzac, le
cri suivant: « Combien se sont perdus,
ont *coulé,* qui agitaient au-dessus du
bourbier où ils allaient mourir une page
arrachée à quelque volume de la *Comédie
humaine* (1) ! »

Si notre époque est si troublée et si

(1) Jules Vallès, *les Réfractaires.*

souvent en ébullition, cela résulte absolument de la lecture effrénée que l'on
fait des journaux et des romans.

On sait que plus les journaux et les
romans sont avancés dans la voie du mal,
plus ils ont de lecteurs. Le fruit défendu
est toujours celui qu'on veut goûter le
premier. Nous sommes définitivement
convenus que ces lectures empoisonnées
perdent bien des jeunes gens et bien des
jeunes filles, mais à ce torrent quelle
digue opposer?

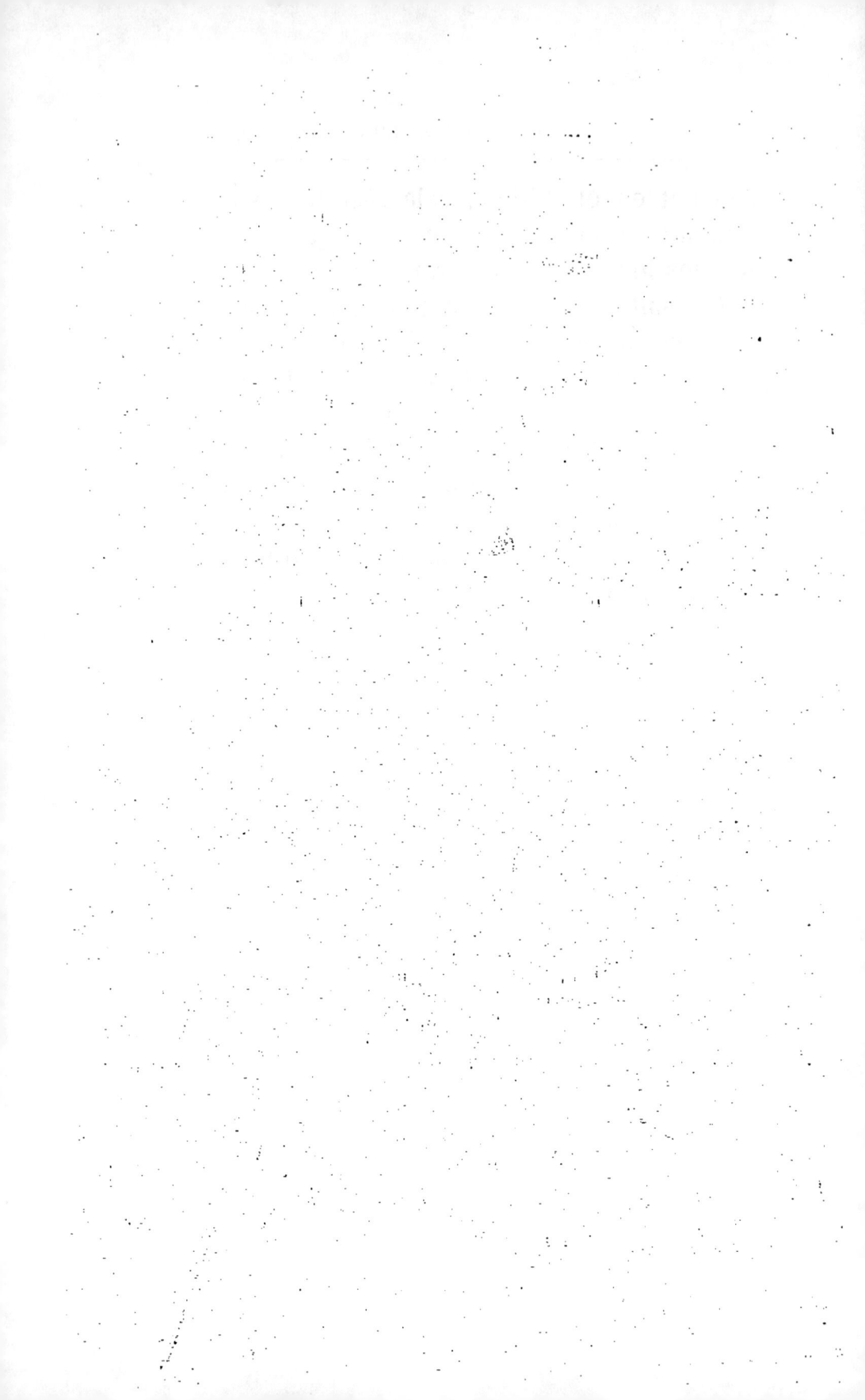

CONCLUSION.

Après avoir brièvement examiné les diverses plaies qui font souffrir notre pays, pouvons-nous espérer qu'il se relèvera, qu'il reprendra sa place parmi les nations européennes et retrouvera la tranquillité dont il a besoin ?

Oui, nous pourrons espérer le relèvement de la France, mais aux conditions suivantes :

1° Il faudrait donner dans l'éducation de la jeunesse plus de place aux idées religieuses et ramener les populations dans la voie du bien en leur parlant de Dieu et de sa providence, qui s'occupe de nous beaucoup plus que nous ne pensons ;

2° Il faudrait écarter du peuple toutes les théories aussi absurdes qu'impraticables du socialisme, et lui dire qu'il n'y a

10*

que l'honnêteté, le travail et l'économie qui puissent conduire l'homme aux richesses ;

3° Il faudrait modifier le suffrage universel, cause de beaucoup de mal, revenir au suffrage restreint, qui éloignerait du vote tous les ouvriers sans ressources, que l'on rend malheureux en les faisant voter trop souvent et en les excitant contre les riches qui leur donnent du travail ;

4° Il faudrait au plus vite supprimer le libre-échange et établir une protection réellement efficace, la plus sage de toutes les garanties pour assurer du travail aux ouvriers et pour ramener la prospérité dans l'industrie française ;

5° Enfin, il faudrait que la liberté de la presse eût des limites raisonnables, qu'elle fût sagement exercée et qu'elle ne laissât pas empoisonner l'esprit politique du pauvre peuple en le trompant chaque jour par des calomnies et des exagérations malfaisantes sur tout ce qui est bien. Il faudrait aussi que la littérature de notre époque, dans sa partie si malsaine, fût un peu plus gênée et ne puisse pas facilement pénétrer dans la maison du pauvre, pour pervertir ses enfants et les pousser dans le vice et la débauche, d'où ils ne peuvent se retirer que perdus.

Hâtons-nous de sortir de l'affreux précipice dans lequel les charlatans et les incapables nous ont fait tomber. Revenons aux idées sages, au calme politique, qui éloigneront toutes les révolutions et les guerres civiles et qui permettront à la France de retrouver la place si glorieuse qu'elle occupait en Europe il n'y a pas encore bien longtemps.

FIN.

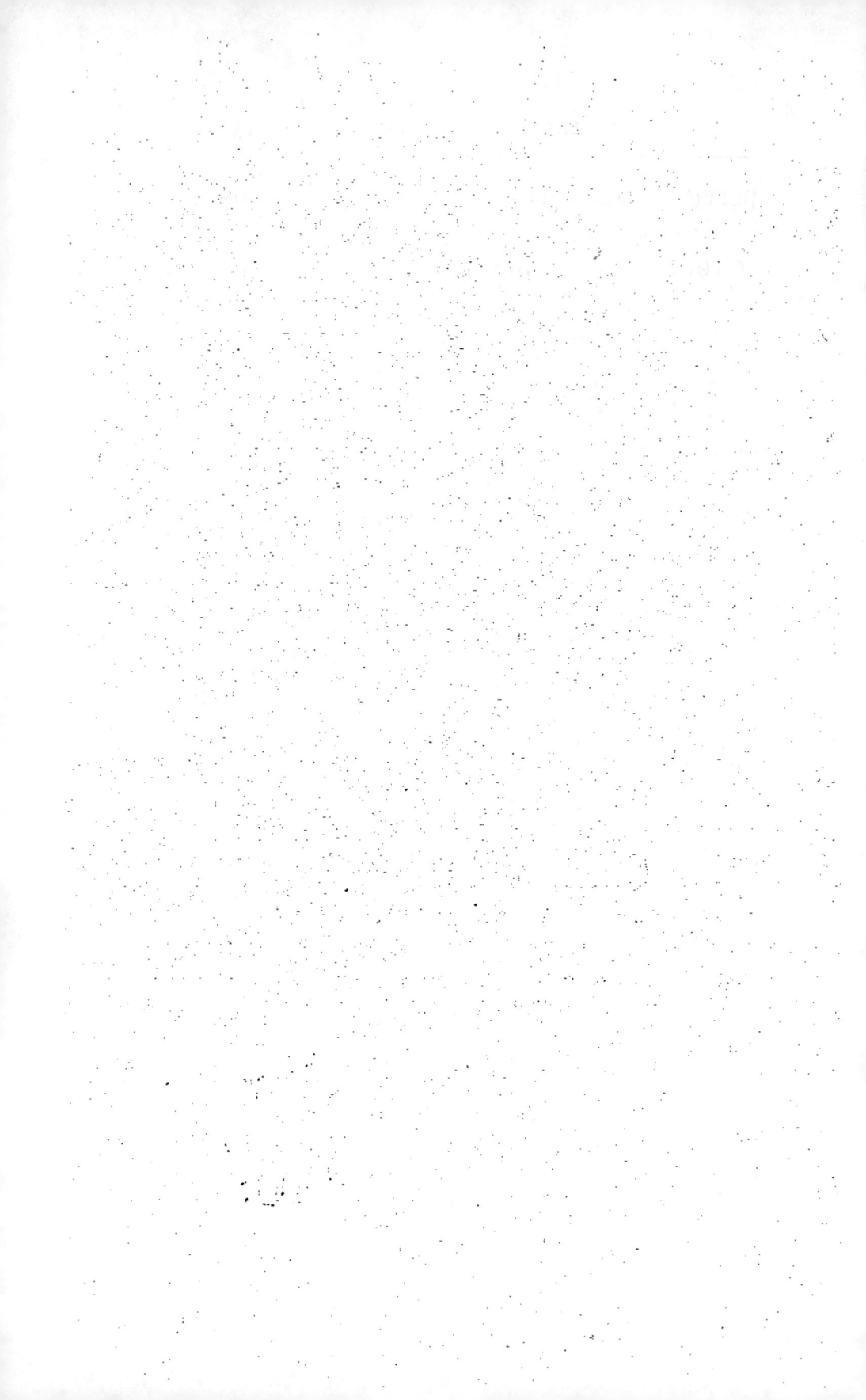

TABLE DES MATIÈRES.

	Pages.
Dédicace.	5
I. — Dieu et la création	7
II. — L'homme dans la création.	11
III. — La religion	21
IV. — Le culte et la prière	29
V. — La philosophie.	33
VI. — La liberté.	39
VII. — L'égalité.	45
VIII. — La fraternité.	49
IX. — Le travail.	53
X. — La propriété.	59
XI. — Le socialisme.	65
XII. — Le gouvernement.	73
XIII. — Les législateurs	77
XIV. — Le suffrage universel.	81
XV. — Les fonctionnaires publics.	93
XVI. — Le clergé.	97
XVII. — La magistrature.	105
XVIII. — L'armée.	111
XIX. — L'impôt.	121
XX. — Le libre-échange.	125
XXI. — L'agriculture.	131
XXII. — L'éducation dans les campagnes.	137
XXIII. — Les journaux et les romans.	143
Conclusion.	149

Nevers, Imp. G. Vallière.

NEVERS, IMPRIMERIE G. VALLIÈRE.

www.ingramcontent.com/pod-product-compliance
Lightning Source LLC
Chambersburg PA
CBHW050025100426
42739CB00011B/2791